Word für Autoren und Selbstverleger

Horst-Dieter Radke ist Computer-Fachmann und Autor von 16 Büchern. Aus seiner Erfahrung und seinen Word-Seminaren hat er diesen Ratgeber speziell für seine Kolleginnen und Kollegen geschrieben. Anregungen für die nächste Auflage nimmt er gerne entgegen: hd.radke@web.de

Horst-Dieter Radke

Word für Autoren und Selbstverleger

Kreatives Schreiben und Veröffentlichen mit dem PC

Autorenhaus ■ Verlag

Bitte besuchen Sie die News-Seiten für Autoren und Verlage:

www.Autorenhaus.de

Bibliografische Information der Deutschen Bibliothek
Die Deutsche Bibliothek verzeichnet diese Publikation in der Deutschen Nationalbibliografie; detaillierte bibliografische Daten sind im Internet unter http://www.dnb.ddb.de abrufbar.

Nachdruck der zweiten, überarbeiteten und erweiterten Auflage, 2001.
Die erste Auflage erschien 1998.
ISBN 3-932909-75-5

Umwelthinweis: Dieses Buch wurde auf chlorfrei gebleichtem, säurefreiem Papier gedruckt.
Druck und Bindung: Niederland, Königstein
Printed in Germany

Inhalt

Vorwort

Die zweite Auflage dieses Buches ist eine erfreuliche Bestätigung dafür, dass viele Autoren diesen Ratgeber nützlich fanden. Erfreulich ist auch, dass der Verlag nicht einfach nachdruckt, sondern um eine Überarbeitung gebeten und einer Erweiterung zugestimmt hat. So kann ich Anregungen aus Gesprächen mit Autoren und aus meinen Kursen in das Buch einfließen lassen.

Die Erweiterungen sind an vielen Stellen zu finden; mal ist es ein Tipp, mal ein ganzer Abschnitt. So ist beispielsweise das Thema der Selbstpublikation mittels Publishing on Demand mit aufgenommen worden.

Die Überarbeitungen betreffen vor allem die neuen Versionen, die es inzwischen von Word gibt. Die erste Auflage bezog sich noch im Wesentlichen auf Word 97. Es lohnte sich schon damals nicht, ältere Versionen zu berücksichtigen. Inzwischen ist Word 2000 der Standard, und ich beziehe alle Anleitungen auf diese Version. Sie sind meistens auch mit Word 97 kompatibel. Wer bereits mit Word XP arbeitet, wird kaum etwas in diesem Buch finden, was in dieser Version wesentlich anders ist. Auch Apple-Benutzer werden die meisten Anleitungen und Anregungen nachvollziehen können, wenn Sie mit einer aktuellen Version von Word auf dem Apple arbeiten, wie mir Mac-Anwender versichern. Wenn also bei Ihrer Version die eine oder andere Abbildung nicht, mit Ihrer konkreten Situation übereinstimmt, verzweifeln Sie nicht sondern folgen Sie den Anweisungen im Buch: In 99 von 100 Fällen funktioniert es auch bei Ihnen, und in dem einen oder anderen Fall schicken Sie mir ein E-Mail: hd.radke@web.de – vielleicht weiß ich zu Ihrem Problem Rat.

Ich hoffe, dass Ihnen auch dieser Word-Ratgeber bei Ihrer schriftstellerischen Tätigkeit hilfreich zur Seite steht – oder besser liegt!

Horst-Dieter Radke, Lauda, im September 2001

1. Einführung

1.1 Wer hat Angst vor Word?

Oft wird die Arbeit von Schriftstellern romantisch verklärt: Der Dichter gedankenvoll mit Gänsefeder am Stehpult, der Autor mit Füllfederhalter und Pfeife am Mahagonischreibtisch oder einsam an seiner Reiseschreibmaschine im Hotelzimmer. Die Realität konnte schon früher anders aussehen: Goethe diktierte einem Sekretär, Hermann Hesse schrieb seine frühen Werke auf einer – damals noch revolutionären – mechanischen Schreibmaschine. Und heute entstehen Bücher auf Macs und Windows-PCs.

Die Entwicklung der Schreibinstrumente – von Gänsefeder und Bleistift, Füllfederhalter und Kugelschreiber über mechanische und elektrische Schreibmaschine bis zum Computer – ist nicht ohne Einfluss auf die Schreibenden geblieben. Wenn auch der Computer Texte nicht selbständig verfasst, kann er eine große Hilfe beim Schreiben sein: Er schreibt schneller und leistet mehr als jedes Schreibgerät zuvor. Für Autoren war die intensive Beschäftigung mit ihrem Schreibzeug immer wichtig. Die Gänsefeder musste angespitzt, auf eine bestimmte Weise geführt, das Schreiben auf der Maschine gelernt, Farbbänder bereitgehalten werden, bis die Texte nach Korrekturen und Abschriften endlich in ansehnlicher Form auf dem Papier standen.

In Zukunft wird für die Textverarbeitung nicht einmal mehr das Eintippen von Texten nötig sein. Spracheingabeprogramme sind inzwischen zu günstigen Preisen und mit überraschendem Leistungsvermögen erhältlich. Mit Erich Mühsam: *Wer dichten tut, der täte gut, er macht es so, wie Goethe tut* – dann diktieren Autoren ihre Texte! Nur nicht dem Sekretär, sondern dem Computer, mit dem man anschließend den Text gestalten, umarbeiten und für den Druck vorbereiten kann, der klaglos arbeitet, zumindest theoretisch. Und damit sind wir beim eigentlichen Thema dieses Buches: Dem Umgang mit dieser Schreibhilfe für ein flexibles, den kreativen Schreibprozess unterstützendes Arbeiten.

Computer und Schreibprogramme bieten Autorinnen und Autoren neue Möglichkeiten: Jetzt ist es möglich, mit Texten zu spielen! Machen Sie mit, Sie haben nichts zu verlieren. Wann und wie Sie mit Ihrem Schreibprogramm arbeiten, entscheiden alleine Sie.

1.2 Schreibmaschine und Computer

Schreibmaschine und Computer haben nur noch eines gemeinsam: Die Tastatur mit ihren verschiedenen Zeichen. Elektronische Speicherschreibmaschinen sind eigentlich schon Schreibcomputer, der Übergang zum PC fällt leicht.

Wer aber von einer Schreibmaschine älteren Typs zum Computer wechselt, tauscht nicht nur das inspirierende Klappern gegen das Summen des PC-Lüfters ein, sondern muss sich auf eine andere Arbeitsweise einstellen.

Hat man beispielsweise mit der Schreibmaschine das Ende der Zeile *(Bing!)* erreicht, wird manuell zur nächsten Zeile geschaltet. Der Computer erledigt dies durch einen automatischen Zeilenumbruch.

Entsteht bei der Schreibmaschine ein Absatz durch mehrere Zeilenschaltungen oder durch manuelle Einrückung, wird dies bei der Arbeit mit Word überflüssig, ist sogar unerwünscht.

Muss man bei der Arbeit mit der Schreibmaschine die Gestaltung der Seite schon *vorher* bedenken und ständig beim Schreiben berücksichtigen, ist das beim Computer nicht mehr nötig. Denn der Text kann später jederzeit neu gestaltet und beliebig verändert werden, ohne dass er neu geschrieben, auf Computer-Deutsch: neu erfasst werden muss. Dazu muss der Schreiber allerdings anders arbeiten als mit der Schreibmaschine und die zusätzlichen Instrumente, die das Textverarbeitungsprogramm bereithält, einsetzen.

Schreibmaschinen haben keine Mäuse. Mit dem PC werden Sie anfangs vermutlich viel mit der Maus arbeiten, weil es leichter ist, als alle Tastaturbefehle zu lernen.

Die Computer-Mäuse haben meist zwei Tasten: eine links, eine rechts.

- Wenn es *Klicken* heißt, wird eine dieser Tasten gedrückt.
- Beim *Doppelklick* wird zweimal schnell nacheinander eine der Tasten gedrückt.
- *Ziehen* bedeutet, eine der Tasten festhalten (meist die linke) und dabei die Maus bewegen. Auf dem Bildschirm sieht man, wie der Mauspfeil oder die Markierung die Position verändert, manchmal zusammen mit einem ganzen Wort, Absatz oder Bild.

Die rechte Maustaste öffnet in der Regel ein Menü; das so genannte Kontextmenü. Darin sind die Befehle enthalten, die im Augenblick sinnvoll durchzuführen sind.

Eine möglicherweise vorhandene mittlere Maustaste ist in der Regel mit Sonderfunktionen belegt, die aber nicht von allen Anwendungen genutzt werden können – zumindest nicht ohne besondere Einstellung und Anpassung. Deshalb gehe ich im Buch nicht weiter darauf ein.

Seit einiger Zeit gibt es auch Mäuse mit einem Rädchen! Dieses dient dazu, Dokumente schneller und flexibler Scrollen zu können. Das ist manchmal eine feine Sache, da die Arbeit mit den Bildlaufleisten tückisch sein kann. Nicht immer kommt man – vor allem in großen Dokumenten – mit der Geschwindigkeit, mit der sich diese Leisten bewegen können, zurecht. Mit solch einem Scrollrädchen kann man die Geschwindigkeit selbst bestimmen. Besonders komfortabel arbeitet es sich mit einer drahtlosen Tastatur und Maus.

1.3 Bildschirm und Ausdruck

WYSIWYG ist das Windows-Zauberwort: *What you see is what you get.* Auf deutsch etwa: Was man sieht, bekommt man auch. Gemeint ist, was auf dem Bildschirm zu sehen ist, wird auch so ausgedruckt. Das stimmt nicht ganz, eher müsste es heißen: So ähnlich, wie es auf dem Bildschirm zu sehen ist, wird es gedruckt.

Ob Bildschirmanzeige und Ausdruck weitgehend übereinstimmen, hängt von der Qualität der Hardware (mit dem alten Nadeldrucker wird es schwer werden, annähernd auch nur die Bildschirmdarstellung zu realisieren), wie von der passenden Software (der falsche oder veraltete Druckertreiber kann zu erheblicher Irritation beim Ausdruck führen) und der richtigen Einstellung am Drucker, aber auch der richtigen Voreinstellung in Word ab.

Es gibt mehrere Möglichkeiten der Darstellung auf dem Bildschirm, *Ansichten* genannt, für verschiedene Zwecke. Wie es Ihnen gelingt, die Bildschirmdarstellung dann auch auf Papier zu übertragen, wird in den folgenden Kapiteln erläutert.

Zu Goethes Zeiten brauchte ein Dichter außer Unmengen von Gänsefedern, Ströme von Tinte und Berge von Papier. In der Mitte des 20. Jahrhunderts gehörte die Schreibmaschine, immer frisch getränkte Farbbänder und Papiervorräte zur Ausstattung der Poeten. Und wer heute vom Schreiben lebt, hat meist schon einen Computer, Tintenpatronen oder Toner für den Drucker und – immer noch Berge von Papier. Die von Computerexperten propagierte Vision vom papierlosen Zeitalter gibt es schon lange, tatsächlich aber erfreuen sich die Papierfabriken stetig steigender Umsätze.

Solange Bücher auf Papier gedruckt erscheinen, ist es selbst bei der Arbeit vor dem Monitor wichtig, Texte zusätzlich auf Papier ausgedruckt zu sehen.

Dem Büchner-Preisträger H.C. Artmann fehlt bei der Arbeit am Computer »das Sinnliche, das Gefühl für Papier.« Oft korrigieren Autoren zuerst auf dem ausgedruckten Manuskript, um die Änderungen dann im Computer zu übertragen. Für die Gestaltung einzelner Seiten oder eines ganzen Werks ist ein Kontrollausdruck ohnehin unerlässlich.

1.4 Safety first: *Speichern, sichern, Hilfe suchen*

Am 26. August 1998 war dem renommierten spanischen Autor Juan Manuel de Prada auf dem Busbahnhof von Madrid sein Laptop gestohlen worden. Eigentlich kein unersetzlicher Verlust, sollte man meinen. Im Laptopspeicher befand sich aber der Text seines neuen Romans, und für den hatte er keine Sicherheitskopie auf Diskette angelegt! Verzweifelt erklärte der 28jährige Schriftsteller, er habe nicht mehr die Kraft, den Text mühsam zu rekonstruieren, da der Aufbau zu komplex sei.

Texte können aus vielen Gründen verloren gehen. Nehmen Sie deshalb zwischendurch immer eine Datensicherung vor: Klicken Sie auf *Datei – Speichern unter* – in *Speichern in*: auf *3,5-Diskette* – und rechts auf *Speichern.*

Das **Speichern** zwischendurch **auf der Festplatte** ist ganz einfach, indem Sie mit dem *Mauszeiger* auf das Diskettensymbol klicken. Wer sich nicht ständig daran erinnern möchte, legt vorher eine entsprechende Einstellung fest.

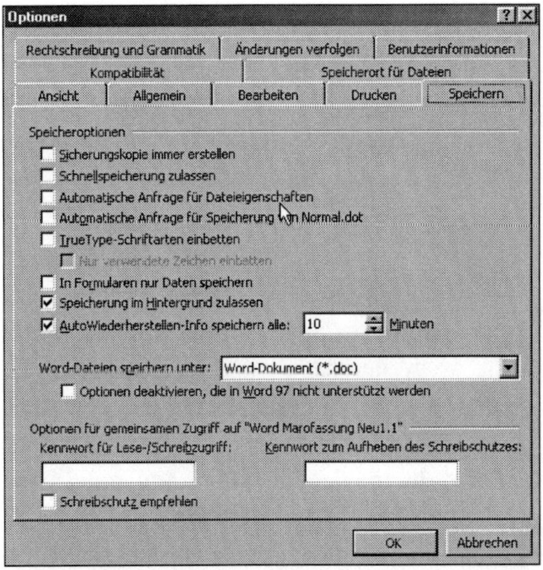

Abb. 1: Die automatische Speicherung der Texte ist erstes Gebot

Tipp: Je Text eine Diskette. Und die sollte immer aktuell sein. Sobald Sie an einem Text arbeiten, kommt die Diskette ins Laufwerk und bei Arbeitsende die Datei auf die Diskette. Für große Dateien empfiehlt sich ein ZIP-Laufwerk oder ein CD-Brenner.

Auf die ZIP Disketten passen je nach Typ 100 MB oder 250 MB. Auf einer CD können bis zu 600 MB Daten gepackt werden. Es gibt solche Laufwerke zum internen Einbau und als externe Variante. Arbeiten Sie an mehreren Geräten, ist ein externes Laufwerk – wenn auch etwas teurer – sicher die bessere Wahl.

Falls Sie nicht wissen, wie Word gestartet wird, lesen Sie den Anfang des nächsten Kapitels und kehren hierher zurück.

Damit Word automatisch speichert, und Ihre Prosa nicht durch die Furcht vor einem Absturz geprägt wird, gehen Sie so vor:

- Über das Menü ***Extras*** und den Menüeintrag ***Optionen*** öffnet sich ein Dialog mit vielen Registerkarten.
- Die Registerkarte ***Speichern*** kann durch einen Klick mit dem Mauszeiger auf das Register in den Vordergrund geholt werden.
- Drei Häkchen sind jetzt anzubringen: in den Kontrollkästchen vor *Schnellspeicherung zulassen*, vor *Speicherung im Hintergrund zulassen* und *AutoWiederherstellen-Info Speichern alle*: Die Häkchen erzeugen Sie durch Anklicken mit der Maus.
- Jetzt stellen Sie das Intervall ein, in dem gespeichert wird. Die voreingestellten 10 Minuten sind praktisch, die Abstände sollten nicht kürzer als 5 oder länger als 15 Minuten sein. Im ersten Fall würde es die Arbeit behindern, im zweiten das Risiko des Datenverlustes zu hoch werden. Mit dem Mauszeiger klicken Sie auf eines der kleinen Dreiecke neben dem Minuteneintrag: Mit dem oberen Dreieck erhöhen Sie die Minutenanzahl, mit dem unteren verringern Sie die Zeitabstände, in denen automatisch gespeichert wird.
- Beenden Sie die Einstellungen, in dem Sie mit dem Mauszeiger auf die **OK**-Schaltfläche gehen und einmal mit der linken Maustaste klicken.

Windows 95/98 ist für sein etwas labiles Wesen bekannt und das ist auch unter ME und XP nur graduell besser geworden. Wenn Sie also einmal einen Absturz haben, wissen Sie, dass durch Ihre Sicherheitsspeicherung nicht viel verloren ist, allenfalls die Arbeit der letzten paar

Minuten, die man meist noch im eigenen Grauzellenspeicher hat und sofort noch einmal schreiben kann.

Tipp: Nach einem Absturz starten Sie Word erst einmal neu. Haben Sie vorher die Datei unter einem Namen gespeichert, so versucht Word den letzten zu bearbeitenden Text wiederherzustellen. Bevor Sie weiterarbeiten, speichern Sie diesen Text unter einem neuen (!) Namen ab, denn der Text der alten Datei ist meist nicht so aktuell wie die wiederhergestellte Fassung.

Ein weitere Falle, die zum Verlust geistiger Arbeit führen kann, ist das unbeabsichtigte Löschen ganzer Textteile (möglicherweise eines ganzen Dokuments). Hierzu ein Szenario: Sie wollen einen bestimmten Teil löschen, haben versehentlich aber mehr – vielleicht alles! – markiert und betätigen den Löschbefehl. Alles weg! Ein leeres Dokument blinkt Ihnen entgegen, das schlimmste, was einem Autoren passieren kann. Manche Schriftsteller haben ja sogar eine Art Weißes-Blatt-Phobie entwickelt. Und jetzt dies! Ehe sie nach dem Haken in der Decke schauen und überlegen, wo Sie den Strick verwahrt haben, wählen Sie aus dem Menü *Bearbeiten* den Befehl *Rückgängig*: … Und es ist noch nicht einmal der letzte Befehl, den Sie damit zurückholen. Sie können Schritt für Schritt ihre Befehle zurückgehen und so das Dokument auf einen Stand bringen, der Ihnen als Ausgangspunkt für weitere Bearbeitungen dient.
Doch damit sind noch nicht alle Gefahren gebannt:

1.5 Virenschutz

Autorenhorror: Stellen Sie sich vor, Ihr Manuskript von 400 Seiten wird durch einen Computervirus zerstört. Die Datensicherung wäre auch verseucht und könnte nicht mehr genutzt werden. Das einzige, was Ihnen außer dem kompletten Neuschreiben bliebe, wäre die Kugel … So weit muss es nicht kommen, wenn Sie drei Regeln beachten:

1. Besorgen Sie sich einen Virenscanner und regelmäßig Updates (das sind aktuelle Anpassungen) dafür.
2. Nutzen Sie den Virenscanner, um jeden fremden Datenträger vor der erstmaligen Benutzung auf Herz und Nieren zu prüfen.
3. Schalten Sie den Makrovirus-Schutz in Word ein (**Extras – Optionen – Allgemein**). Dazu müssen Sie nur ein Häkchen in das Kontrollfeld vor diesem Eintrag im Dialog setzen. Klicken Sie nun mit dem Mauszeiger einmal hinein.

Dies funktioniert nur bis Word 97. Ab Word 2000 stellen Sie den Makro-Virenschutz über **Extras – Makro – Sicherheit** ein.

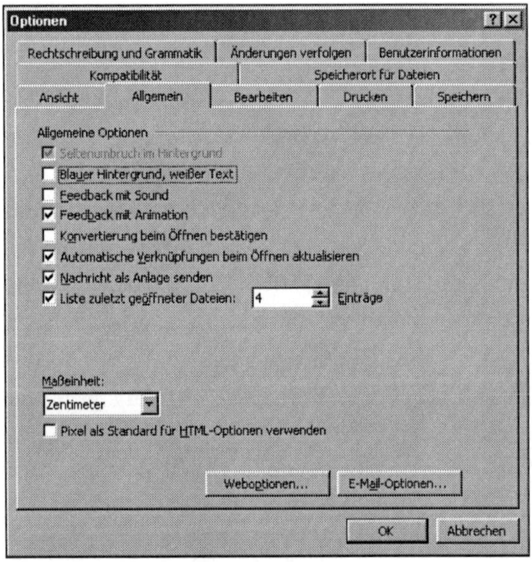

Abb. 2: Makroviren in Word können zu Schäden an Dokumenten führen

1.6 Hilfe suchen

Microsoft liefert seit der Version 7.0 keine Handbücher mehr mit. Wer etwas nachschlagen will, muß Referenzhandbücher bei Microsoft kaufen (relativ teuer) oder andere Literatur erwerben. Es kann aber auch direkt am Bildschirm nachgeschlagen werden. Die in Word integrierte **Hilfe** bietet eine komplette Referenz und zahlreiche Hinweise zu Problemlösungen. Diese Hilfe kann auf verschiedene Weise aktiviert werden: Drücken Sie die F1-Taste *oder* wählen Sie aus dem Fragezeichen-Menü (rechts neben *Fenster*) den Eintrag **Microsoft Word-Hilfe** oder klicken Sie auf die Hilfeschaltfläche  in der Symbolleiste Standard.

In allen drei Fällen wird ein Dialog mit drei Registerkarten geöffnet. Auf der ersten Karte **Inhalt** werden in einem Fenster verschiedene Themen angeboten.

Vor jedem Thema ist ein Buch zu sehen. Doppelklicken Sie auf einen beliebigen Eintrag und es öffnet sich ein weiteres Buch bis vor den Einträgen nur noch Fragezeichen stehen. Wird jetzt ein Thema mit

Abb. 3: Für die Hilfe gibt es ein Menü

Abb. 4: Hinter der Hilfe verbirgt sich ein umfangreiches Handbuch

dem Mauszeiger angeklickt und markiert, kann es anschließend mit der Schaltfläche **Öffnen** auf dem Bildschirm angezeigt und gelesen werden. Wer es lieber schwarz auf weiß mag, kann den Text auch über den Drucker zu Papier bringen: Einfach die Schaltfläche **Drucken** mit dem Mauszeiger anklicken.

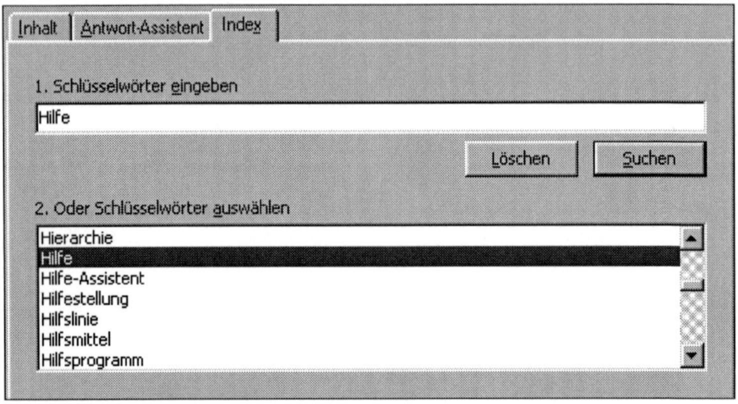

Abb. 5: Über den Index wird gezielt nach Begriffen in der Hilfe gesucht

Wenn Sie die Registerkarte **Index** anklicken, können Sie gezielt in der **Hilfe** nach bestimmten Begriffen und Themen suchen. Es genügt, den Begriff in der Eingabezeile unter **1.** einzutippen. Meist erscheinen schon zugehörige Themen unter **2.** bevor der Begriff zu Ende geschrieben wurde. Jetzt kann in der Liste das passende Thema gewählt und über die Schaltfläche **Anzeigen** auf den Bildschirm gebracht werden.

Nach diesen Erklärungen, Hinweisen und guten Ratschlägen brennen Sie sicher darauf, endlich mit Word anzufangen. Im nächsten Kapitel erwartet Sie ein Crash-Kurs, der Ihnen die Grundlagen von Word schnell nahe bringt.

2. Crash-Kurs Word

2.1 Öffnen und Schließen

Voraussetzung für diesen Crash-Kurs ist, dass Word auf Ihrem Computer bereits installiert ist und Sie elementare Kenntnisse von der Bedienung Ihres PC besitzen:

- Sie wissen, wo der PC ein- und ausgeschaltet wird.
- Die Windows-Oberfläche (Desktop) ist Ihnen in den Grundfunktionen bekannt.
- Sie können Programme starten und beenden.
- Sie wissen, was der Explorer ist.

Sie können beim Computerkauf vereinbaren, dass die Programme bereits installiert werden. Fehlen Ihnen noch Grundkenntnisse, dann hilft Ihnen vielleicht ein guter Freund, bevor Sie mit Word und diesem Buch zu arbeiten beginnen. Das gilt auch, wenn die Word-CD (oder die Office-CD) erst noch installiert werden muss. Microsoft legt zwar keine ausführlichen Handbücher mehr bei; eine ausführliche Installationsanleitung ist aber vorhanden.

Tipp: Wählen Sie die Variante *Standard-Installation*, wenn das Programm danach fragt. Damit werden alle wesentlichen Teile von Word installiert.

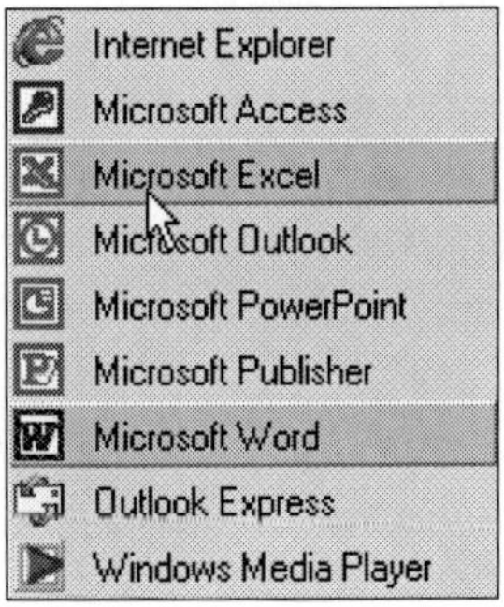

Word aus dem Start-Menü starten:
Starten können Sie Word auf mehr als eine Art. Die Kenntnis von zwei Varianten reicht für den Anfang aus:

Abb. 6: Das Menü mit dem Word-Eintrag

Zeigen Sie mit dem Mauszeiger auf den **Start**-Schalter ganz links in der Task-Leiste, die sich meistens am unteren Rand des Bildschirms befindet.

1. Klicken Sie mit der linken Maustaste auf diesen Schalter.
2. Fahren Sie mit dem Mauszeiger die Menüliste hoch bis zum Eintrag **Programme**.
3. Suchen Sie in der neuen Menüliste nach dem Eintrag **Word**. Finden Sie ihn dort nicht, suchen Sie in einem Untermenü danach (z.B. wenn Sie Microsoft-Office installiert haben).
4. Fahren Sie den Eintrag **Word** mit dem Mauszeiger an und klicken Sie einmal mit der linken Maustaste.

So starten Sie Word vom Windows Desktop aus:
Nach der Standardinstallation von Word ist eine Verknüpfung auf dem Desktop vorhanden. Es genügt, dieses Symbol doppelt anzuklicken, um Word zu starten.

Abb. 7: Das Word-Symbol auf dem Desktop

Was aber, wenn es nicht vorhanden ist? Hier die einfachste Methode, eine Verknüpfung auf dem Desktop herzustellen:

1. Starten Sie den Explorer als Fenster – er darf nicht den ganzen Desktop bedecken! Notfalls rechts oben auf die mittlere Schaltfläche klicken.
2. Suchen Sie das Verzeichnis (meist: \Programme\Office), in dem Word installiert ist.
3. Klicken Sie auf den **Word**-Eintrag mit dem Mauszeiger und der rechten Maustaste. Halten Sie die Maustaste gedrückt und ziehen Sie ihn auf die Desktop-Oberfläche.
4. Lassen Sie die Maustaste los.
5. Wählen Sie aus dem sich nun öffnenden Kontextmenü den Eintrag **Verknüpfung(en) hier erstellen**.

6. Klicken Sie das Symbol, das jetzt auf dem Desktop zu sehen ist, erneut mit der rechten Maustaste an.
7. Wählen Sie aus dem Kontextmenü **Umbenennen**.
8. Schreiben Sie Word und drücken Sie die ↵-[Eingabe]-Taste.

Jetzt haben Sie ebenfalls eine Word-Verknüpfung auf dem Desktop, mit der Sie durch doppeltes Anklicken Word starten können.

Haben Sie das neue *Windows '98*, dann klicken Sie auf den gelben Ordner mit *Eigene Dateien* und Sie sind mitten in Ihren Word-Ordnern und Dokumenten.

Auch das Beenden ist auf verschiedene Arten möglich. Sie schließen Ihre *Windows* am besten so:

Wählen Sie aus dem **Datei**-Menü den Befehl **Beenden**. Falls Ihr Text noch nicht abschließend gespeichert wurde, wird Word Sie darauf aufmerksam machen. Falls mehrere Dokumente offen waren – etwa weil Sie an verschiedenen Kapiteln gleichzeitig gearbeitet und zwischendurch auch noch einen Brief an Ihre Lektorin entworfen haben – prüft Word die Frage der abschließenden Speicherung für jedes Dokument.

Wollen Sie nur mit der Arbeit an einem bestimmten Dokument aufhören, dann wählen Sie aus dem **Datei**-Menü den Befehl **Schließen**.

2.2 Schreiben mit dem PC – grundlegende Techniken

Weil Sie jetzt wild entschlossen sind, das Schreiben mit Word zu lernen, geht es nun kopfüber hinein. Ach übrigens, wenn von Texterfassung die Rede ist, ist das gute alte Schreiben gemeint …

1. Schalten Sie Ihren Computer an.
2. Starten Sie Word (Doppelklick auf das Word-Symbol auf Ihrem Desktop oder auf die Ihnen sympathische Art und Weise).

Word startet, zeigt einen Hinweisbildschirm und erwartet Sie mit einem leeren Dokument. Schreiben Sie jetzt ein paar Zeilen. Da Sie sich gerade ausgiebig mit diesem Buch und dem Erlernen der Arbeit mit Word beschäftigen, geht Ihnen möglicherweise nichts anderes durch den Kopf, und Sie schreiben einfach einen Absatz ab. Vielleicht haben Sie aber gerade einen kreativen Geistesblitz, dann geht es schon richtig in die Praxis. Greifen Sie hemmungslos in die Tasten und schreiben Sie ihren Text ohne Rücksicht auf die Form zu nehmen! Wichtig sind nur folgende Punkte:

- Der Text sollte eine drittel Seite lang sein.
- Sie sollten mehrmals die Zeilenschaltung mit der ↵-Taste (Eingabe-Taste) betätigen, aber nur dann, wenn ein Absatz zu Ende ist oder eine Überschrift abgesetzt werden soll, *niemals am Ende der Zeile*. Das übernimmt Word ganz selbstverständlich für Sie und bricht die Zeile automatisch um.

Vielleicht sieht Ihr Text wie in der Abbildung aus. Es wird Ihnen gleich auffallen, dass darin fremde Zeichen zu sehen sind:

- Ein Zeichen wie ein abgeknicktes P,
- Wörter, die rot unterstrichen sind,
- und wie in Abbildung 8: ein Zeichen wie ein nach links abgeknickter Pfeil.

Das Zeichen, das wie ein P aussieht, ist das sogenannte Absatzendezeichen. Es steht immer am Ende eines Absatzes und entsteht, indem Sie einmal die ↵-(Eingabe)-Taste drücken.

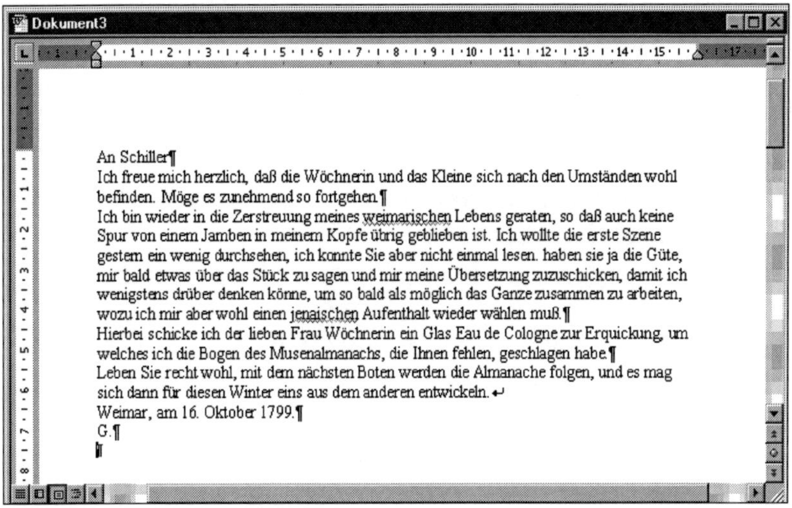

Abb. 8: Ein erster Text ist – erfasst

Der abgeknickte Pfeil ist das Zeichen für ein erzwungenes Zeilenende innerhalb eines Absatzes. Es wird erzeugt, indem Sie die Shift-Taste (oder Hochstell-Taste) und die ↵-(Eingabe)-Taste gleichzeitig drücken.

Zeichen	Bedeutung
¶	Absatzendezeichen. Wird erzeugt durch die Eingabe-Taste
↵	Erzwungenes Zeilenende *innerhalb* eines Absatzes. Wird erzeugt durch die Hochstell- und die Eingabe-Taste

Tabelle 1: Die wichtigsten beiden nicht druckbaren Zeichen

Sehen Sie diese Zeichen nicht auf Ihrem Bildschirm? Dann:

- Öffnen Sie das Menü **Extras** und wählen den Befehl **Optionen**.
- Klicken Sie auf das Register **Ansicht** und
- klicken in das Kontrollkästchen vor Absatzmarken.
- Drücken Sie die ↵-(Eingabe)-Taste.

Keine Angst! Diese Zeichen werden nicht mit ausgedruckt. Es handelt sich um so genannte *nicht druckbare Zeichen.*

Die roten Unterstreichungen zeigen, daß die automatische Rechtschreibprüfung in Word etwas entdeckt hat: Entweder liegt tatsächlich ein Fehler vor oder

- es handelt sich um eine *abweichende Schreibweise* des im Wörterbuch vorhandenen Wortes oder
- ein vergleichbares Wort ist im Wörterbuch nicht vorhanden.

Fahren Sie mit dem Mauszeiger auf das unterstrichene Wort und klicken Sie einmal mit der rechten Maustaste. Neben diesem Wort öffnet sich direkt ein kleines Menü. Dieses Kontextmenü bietet Befehle an, die direkt mit der angewählten Aktion (in diesem Fall der Rechtschreibung) zu tun haben.

Zunächst bietet Word das richtig geschriebene Wort als erstes in Fettdruck an. Es kann mit dem Mauszeiger gewählt werden.

Manchmal gibt es mehrere Vorschläge, wenn Word sich nicht für eine bestimmte Schreibweise entscheiden kann, beispielsweise bei Groß- und Kleinschreibung oder ähnlichen Worten. Ist das gewünschte Wort dabei, tauscht Word es mit dem markierten Wort im Text aus, nachdem Sie es angeklickt haben.

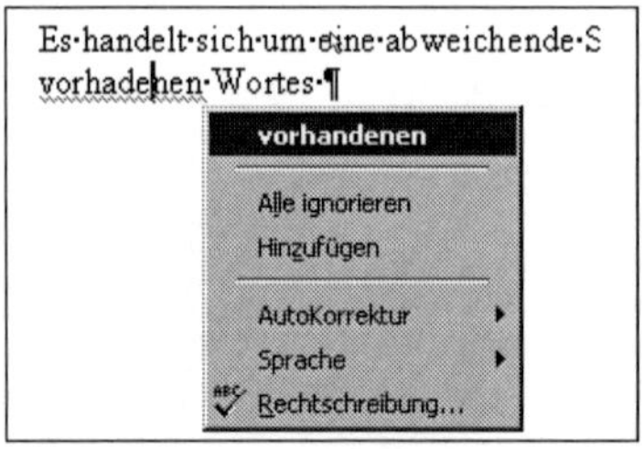

Abb. 9: Die automatische Rechtschreibprüfung.

Handelt es sich nicht um einen Fehler, sondern um eine alternative Schreibweise, dann wählen Sie aus dem Kontextmenü den Befehl **Alle ignorieren**. Word wird dann alle diese Wörter in diesem Text in dieser Sitzung nicht mehr markieren.

Ist ein Wort richtig geschrieben, aber noch nicht im Wörterbuch vorhanden, können Sie es über den Befehl **Hinzufügen** hineinschreiben – so entsteht Ihr persönliches Wörterbuch. Jedes hinzugefügte Wort wird in Zukunft in der von Ihnen gewünschten Schreibweise bei der Rechtschreibprüfung berücksichtigt.

Fühlen Sie sich durch die roten Unterstreichungen an Ihre Schulzeit erinnert? Kommt dabei der Zorn über rotstiftbewaffnete, jede Kreativität unterdrückende Lehrer hoch? *Easy*:

- Wählen Sie aus dem Menü **Extras** den Befehl **Optionen** und klicken Sie mit dem Mauszeiger das Register **Rechtschreibung und Grammatik** an.
- Dann deaktivieren Sie das Häkchen im Kontrollkästchen vor **Rechtschreibung während der Eingabe überprüfen** (mit dem Mauszeiger in das Kästchen hineinklicken).
- Schließen Sie den Dialog mit der ↵-(Eingabe)-Taste oder einen Klick auf den **OK**-Schalter, und die roten Unterstreichungen verschwinden.

Tipp: Hat Ihr Text viele Unterstreichungen? Um schnell von einer zur Nächsten zu wechseln, doppelklicken Sie in der Statusleiste auf das **Symbol** **Status der Rechtschreib- und Grammatikprüfung**

Beim Schreiben haben Sie bemerkt, dass ein blinkender, vertikaler Strich immer mitwandert. An Stelle dieses Striches bleibt ein Zeichen zurück, wenn Sie eine Taste drücken. Dieser Strich ist der Schreibcursor. Sie können ihn mit der Maus an eine beliebige Stelle des Textes setzen. Auch mit den Cursortasten (den vier Pfeilen auf Ihrer Tastatur) bewegen Sie den Cursor beliebig im Text hin und her. Jede direkte Aktion bezieht sich auf die Stelle, an der Ihr Schreibcursor blinkt.

Mit der **Entf**-Taste löschen Sie das Zeichen rechts vom Schreibcursor.

Mit der Taste, die einen Pfeil nach links hat (rechts oben in der Tastatur, über der ↵-(Eingabe)-Taste, löschen Sie das Zeichen links vom Cursor.

Neben der sofortigen Rechtschreibprüfung bietet Word die nachträgliche Korrektur – auch der Grammatik – an. Dazu später eine ausführliche Beschreibung.

2.3 Wegweiser durch Menüs und Symbole

Hier ein kleiner Spaziergang auf Ihrem Bildschirm:

Am oberen Bildschirmrand finden Sie die Titelzeile. Sie enthält standardmäßig links das Word Symbol, den Titel Microsoft Word und anschließend den Namen des aktuellen Dokuments. Ganz rechts sind die drei typischen Schaltflächen für Windows (95, 98 und NT) zu finden (Anwendung auf die Task-Leiste legen, Anwendung auf die volle Fensterfläche vergrößern, Anwendung schließen). Gleich darunter finden Sie die Menüzeile.

Abb. 10: Die Menüzeile in Word

Wenn Sie mit dem Mauszeiger auf einen Menüeintrag fahren, wird er optisch hervorgehoben. Bewegen Sie den Mauszeiger nach links oder rechts, reagieren die jeweiligen Einträge, wenn der Zeiger sie erreicht. Ein Klick mit der linken Maustaste ruft die jeweilige Menü*liste* auf. Fahren Sie bei geöffneter Menüliste nach links oder rechts, wandern auch die Menülisten mit. Gehen Sie nun mit dem Mauszeiger eine solche Liste herunter, folgt der Markierbalken.

Eine andere Methode, ein Menü aufzurufen:

- Drücken Sie die Alt-Taste und …
- … gleichzeitig die unterstrichene Taste aus dem Menü-Namen, den Sie wählen wollen, z. B. Alt-Taste und x aus Extras.

Das erste Symbol mit dem Word-Zeichen in der Menüleiste erscheint immer dann, wenn das aktuelle Dokument nicht im Fenster, sondern mit der maximalen Darstellung angezeigt wird. Sie finden es sonst in den einzelnen Dokumentfenstern wieder. Ein Klick auf die mittlere Schaltfläche  rechts oben am Dokumentfenster korrigiert dies sofort.

Ein kurzer Rundgang durch die einzelnen Menü-Befehle:

Das Menü **Datei** enthält wichtige Befehle, um mit Word-Dokumenten umzugehen. Sie können Dateien **Öffnen** und Speichern, die **Seiten einrichten** (d.h. Papierformat, Ränder etc. festlegen oder verändern) und das Dokument **Drucken**. Außerdem läßt sich Word über dieses Menü **Beenden**. Vor diesem »letzten« Befehl finden Sie auch immer die letzten vier Dateien aufgelistet, an denen Sie gearbeitet haben. Es genügt, eine dieser Dateien anzuklicken und sie wird geöffnet. Das erspart das Suchen auf der Festplatte über den Befehl *Öffnen.*

Das Menü **Bearbeiten** enthält Befehle zur Bearbeitung der Dokumente. Gleich zu Anfang stehen zwei, die Sie sich unbedingt merken sollten: **Rückgängig** und **Wiederholen**. Rückgängig gemacht werden kann nicht nur der letzte Befehl oder die letzte Eingabe, die Sie gemacht haben, sondern eine ganze Reihe von Aktionen, die Sie bis dahin durchgeführt haben. Wiederholen läßt sich aber nur der jeweils letzte Vorgang. Merken Sie sich unbedingt die Tastenkombinationen Strg+Z (für Rückgängig) und Strg+Y (für Wiederholen). Sie können damit schnell auf diese Funktionen zugreifen, ohne erst im Menü nach diesen Befehlen zu suchen. Die Befehle: **Ausschneiden, Kopieren** und **Einfügen. Suchen, Ersetzen** und **Gehe zu ...** sind wichtig für die Überarbeitung von Texten.

Das Menü **Ansicht** hilft bei der Darstellung der Dokumente am Bildschirm. Vier verschiedene Ansichten stehen zur Verfügung. Dabei sollten Sie sich für die Ansicht **Normal** entscheiden, wenn Sie zügig arbeiten und für die Ansicht **Seiten-Layout**, wenn Sie die Gestaltung der Dokumente auch im Blick behalten möchten. Zur Ansicht gehören die **Symbolleisten**, die sich ausschalten oder hinzufügen lassen und das **Lineal**, das ein- und ausgeblendet werden kann. Ohne Symbolleisten und Lineal haben Sie mehr Platz auf dem Bildschirm zur Darstellung der Texte. **Kopf- und Fußzeilen** sowie **die Fußnoten** sind ebenfalls hier zu finden – eigentlich nicht ganz logisch, da dies doch eher zur Seitenstruktur beim ausgedruckten Dokument und nicht zur Bildschirmansicht gehört. Tatsächlich hat Microsoft diese Funktionen aufgeteilt: Sie können bei *Seite einrichten* festlegen, wo die Kopf- und Fußzeilen erscheinen sollen. Im Menü *Ansicht* gehen Sie über diese Funktion direkt in die Seite und gestalten die Kopf- und Fußbereiche. Die Fußnoten finden Sie zusätzlich als Menüpunkt noch unter *Einfügen* wieder. Hier in *Ansicht* stellen Sie ein, ob Sie diese sehen wollen oder nicht.

Das Menü **Einfügen** enthält Befehle, um etwas in das Dokument hineinzubringen. Über **Manuelle Wechsel** werden Seiten- und Abschnittswechsel eingefügt. **Seitenzahlen, Datum und Uhrzeit, AutoText** (eine Art Textbausteine), **Felder, Sonderzeichen** und **Kommentare** können den Texten hinzugefügt werden. **Fußnoten, Beschriftungen** (z. B. Abbildungen und Tabellen) und **Querverweise** können Sie dem Dokument hinzufügen. Die Option **Index und Verzeichnis** ist wichtig für Autoren von Sachbüchern, die auf stichwortartige Zusammenfassungen am Ende des Textes angewiesen sind. **Grafiken** und andere **Objekte** können in Texte eingefügt werden.

Im Menü **Format** finden Sie Befehle zur Textgestaltung: **Zeichen** und **Absätze** erlauben die Zeichen- und Absatzformatierung. Die Formatierung eines Zeichens wirkt sich nur auf das (oder die) ausgewählten Zeichen aus. Die Absatzformatierung gilt immer für den kompletten Absatz, in dem der Cursor steht. Weiterhin sind Befehle zur Gestaltung von **Numerierungen und Aufzählungen** enthalten, für Satz in mehreren **Spalten** und immer wieder verwendbare Formatierungen (**Formatvorlage...**).

Das Menü **Extras** enthält zahlreiche Befehle für zusätzliche Bearbeitungseigenschaften, etwa die **Rechtschreibung und Grammatik-**

Prüfung, den **Seriendruck** und den Druck von **Umschlägen und Etiketten**. Möglichkeiten der Einstellung verschiedener Funktionen finden Sie unter **Optionen**.

Im Menü **Tabelle** gibt es alle Befehle zur Bearbeitung und Gestaltung von Tabellen, die Sie in Word ganz einfach mitschreiben können: Klicken Sie auf *Zellen* einfügen Tabelle, bestimmen Sie voraussichtliche *Spalten-* und *Zeilenanzahl* – schon entsteht eine Tabelle, die Sie im Laufe der Arbeit beliebig verändern und später noch formatieren können.

Das Fragezeichen-?-Menü enthält das Handbuch von Word.

Dieser Schnelldurchgang durch die Word-Menüs soll nur einen ersten Überblick geben, in welchem Menü Sie nach welchen Befehlen suchen können. Alles Weitere ergibt sich aus der Arbeit mit diesem Buch und Word.

Die Symbolleisten

Eine große Hilfe sind die einzelnen Schaltflächen auf den Symbolleisten. Dahinter verbergen sich Befehlsfolgen, die eine Reihe von Befehlen zusammenfassen. Beispielsweise setzt ein Klick auf das Drucker-Symbol den Ausdruck des aktuellen Dokuments in Gang – Sie brauchen sich nicht durch die verschiedenen Menüs und Dialoge bemühen. Der Nachteil: spezielle Druckereinstellungen sind nicht möglich. Normalerweise finden Sie die Symbolleisten **Standard** und **Format** eingeblendet. Ehe Sie jetzt rätseln, woran man erkennen kann, dass es sich um diese Symbolleisten handelt, fahren Sie mit dem Mauszeiger auf einen freien Bereich der Symbolleisten und klicken einmal mit der rechten Maustaste.

Es öffnet sich ein Kontextmenü, in dem **Standard** und **Format** mit einem Häkchen versehen sind. Diese beiden Symbolleisten sind aktiv. Sie erkennen aber auch gleichzeitig, dass es noch andere Symbolleisten gibt. Klicken Sie versuchsweise eine Symbolleiste an. Sofort wird Word diese auf der Arbeitsfläche anordnen – wahrscheinlich unter den bereits vorhandenen.

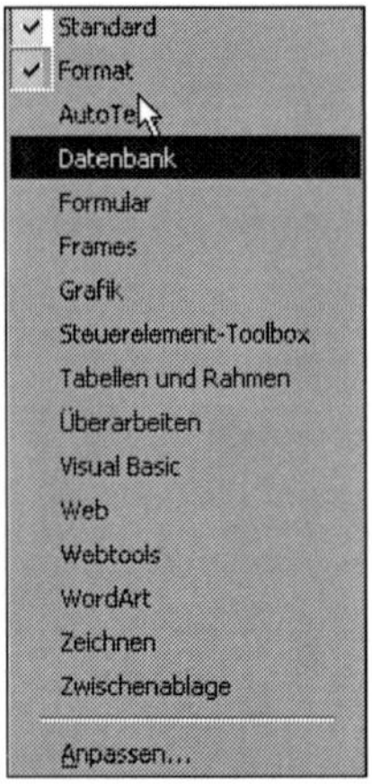

Sie entfernen eine Symbolleiste, indem Sie diese im Kontextmenü erneut durch einen Mausklick anwählen. Sie verschwindet dann sofort wieder vom Bildschirm.

Zu viele Symbolleisten auf dem Bildschirm nehmen sichtbare Arbeitsfläche, es ist dann schwer, den Überblick zu behalten – Sparsamkeit ist angeraten.

Abb. 11: Symbolleisten auswählen

Die Symbolleisten sind unterhalb der Menüs angeordnet. Das muß aber nicht so sein. Fahren Sie mit dem Mauszeiger auf eine Symbolleiste, drücken Sie die linke Maustaste und halten Sie diese fest. Ziehen Sie jetzt den Mauszeiger in die Mitte des Bildschirms, dann bewegt sich die Symbolleiste mit. Lassen Sie los, bleibt auch die Symbolleiste an der Stelle, an die sie gezogen wurde. Fahren Sie mit dem Mauszeiger an den Rand der verschobenen Symbolleiste, verändert sich der Mauszeiger. Sie können jetzt die Form der Symbolleiste verändern. Diese Veränderungsmöglichkeit hört auf, sobald Sie die Maustaste loslassen.

Es kann manchmal hilfreich sein, die Symbole an den Eingabebereich heranzuziehen, z. B. wenn Zeichen- oder Datenbankwerkzeuge benötigt werden. Für den Anfang lassen Sie aber besser die Symbole dort, wo sie sind.

Die Symbolleiste **Standard** enthält Symbole, die für die Arbeit mit Dateien und Texten wichtig sind. Die ersten fünf:

Neues Dokument anlegen. Dabei wird die Dokumentvorlage Standard (oder Leeres Dokument) benutzt.

Der Datei **Öffnen** Dialog wird eingeblendet.

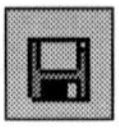
Das aktuelle Dokument **Speichern**. Ist noch kein Dokumentname festgelegt worden, öffnet sich automatisch der *Speichern unter…* Dialog.

Das aktuelle Dokument **E-Mail**. Hiermit kann ein Dokument per E-Mail verschickt werden.

Das aktuelle Dokument **Drucken**. Es wird sofort das ganze Dokument gedruckt, mit den standardmäßig vorgegebenen Druckeinstellungen.

Die nächsten sechs Symbole helfen bei der Bearbeitung von Texten. Vielleicht fällt Ihnen auf, dass einige Symbole nur sehr undeutlich zu sehen sind. Sie erscheinen eher wie in die Symbolleiste eingraviert: Diese Schaltflächen sind dann nicht zu benutzen. Markieren Sie irgendwo im Text einige Wörter oder Zeilen mit der Maus (klicken Sie an eine beliebige Stelle, ziehen sei bei gedrückter linker Maustaste, den Zeiger etwas nach links oder unten und lassen Sie los). Sie sehen einen Teil des Textes invertiert, d.h. weiße Schrift auf schwarzem Grund. Auf der Symbolleiste sehen Sie außerdem, dass die vorher grauen Zeichen farbig hervortreten. Diese Schaltflächen können jetzt mit den dazugehörigen Befehlen auf den markierten Text angewandt werden.

Das Dokument wird in **Seitenansicht** – d. h. so wie die Seite gedruckt aussehen wird – auf dem Bildschirm dargestellt.

Prüfung der **Rechtschreibung und Grammatik**.

Einen markierten Text **Ausschneiden** und in die Zwischenablage bringen.

Einen markierten Text **Kopieren** und in die Zwischenablage bringen.

Den Inhalt der Zwischenablage an der Cursorposition in das Dokument **Einfügen**.

Ein **Format übertragen.** Das Format eines markierten Objekts/Textes wird einem anderen Teil des Dokuments zugeordnet. An der Ausgangsstelle bleibt das Format aber bestehen.

Die folgenden Schaltflächen dieser Symbolleiste enthalten weitere Bearbeitungshilfen, Internet Funktionen, Hilfen zur Tabellengestaltung und zur Dokumentdarstellung am Bildschirm – mehr dazu später.

Die Symbolleiste **Format** enthält Hilfen und Schaltflächen zur Formatierung der Texte selbst. Die ersten drei Hilfen betreffen die **Formatvorlagen**, die **Schriftart** und den **Schriftgrad**.

Mit Hilfe der Formatvorlagen können immer wieder benötigte Formate festgelegt und durch Aufruf beliebig Absätzen oder Zeichen schnell zugeordnet werden – eine große Hilfe gerade für Autoren.

Mit **Schriftart** wird einem Text ein bestimmter Schriftstil zugeordnet. Mit Schriftgrad wird die Größe der Schrift (in Punkt) festgelegt.

Um eine Auswahl zu treffen, fahren Sie mit dem Mauszeiger auf den kleinen Pfeil neben der jeweiligen Anzeige (z. B. Times New Roman). Es öffnet sich eine Liste anderer Schriften, aus der Sie wählen können. Passen nicht alle Listeneinträge in das Fenster, schieben Sie mit der Bildlaufleiste am rechten Rand die Liste auf und ab, bis Sie den gewünschten Eintrag gefunden haben.

Abb. 12: Schriften auswählen

Die nächsten drei Schaltflächen beschäftigen sich mit der direkten Zeichenformatierung – diese Textattribute lassen sich kombinieren; die darauf folgenden vier Schaltflächen stellen die Ausrichtung des Textes im Dokument ein:

Ein markiertes Zeichen wird **Fett** dargestellt.

Ein markiertes Zeichen wird *Kursiv* dargestellt

Ein markiertes Zeichen wird unterstrichen.

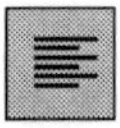

Der Text im Absatz wird linksbündig (d.h. am linken Rand gleichmäßig) ausgerichtet.

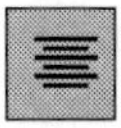

Der Text im Absatz wird zentriert (d.h. mittig) ausgerichtet. Rechter und linker Rand sind meist ungleichmäßig.

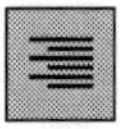

Der Text im Absatz wird rechtsbündig (d.h. am rechten Rand gleichmäßig) ausgerichtet.

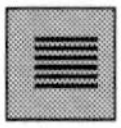

Der Text im Absatz wird als Blocksatz (d.h. mit gleichmäßigem linken und rechten Rand) dargestellt.

Tipp: Sie müssen übrigens nicht auswendig lernen, was jede einzelne Schaltfläche kann. Fahren Sie mit dem Mauszeiger auf eine Schaltfläche, ohne eine Taste zu drücken, und warten Sie eine Sekunde. Es erscheint ein kurzer Hinweis zur Aufgabe der jeweiligen Schaltfläche.

2.4 Von Zeichen und Absätzen

Bisher war immer wieder von Zeichen und Absätzen und von Zeichen- und Absatzformatierungen die Rede gewesen. Was bedeutet dies im praktischen Umgang mit dem Text?

- Nehmen Sie sich zunächst wieder Ihren Text vor.
- Markieren Sie den letzten Buchstaben im Beispieltext (das G.) und geben Sie zum Schluss einen Buchstaben als Absatz ein, z. B. Ihr Namenskürzel.
- Klicken Sie nacheinander auf die Schaltflächen für **Fett, Kursiv** und **Rechtsbündig**.

Gegenüber dem sonst gleichmäßig erfassten Text, hebt sich dieser Buchstabe nun ab. Er tritt deutlicher hervor, hat eine etwas andere Form als die übrigen Buchstaben und ist zudem noch anders ausgerichtet als der restliche Text.

Die ersten beiden Formatierungen (Fett und *Kursiv*) sind Zeichenformatierungen gewesen. Das einzelne Zeichen wurde mit Attributen versehen. Andere Zeichen im Absatz, die nicht markiert waren, sind nicht betroffen.

Die rechtsbündige Ausrichtung ist eine Absatzformatierung. Sie betrifft den ganzen Absatz, auch die Zeichen, die möglicherweise nicht markiert waren. Letzteres wird nicht ganz deutlich, da hier Zeichen- und Absatzformatierung auf das gesamte Zeichenformat im Absatz zurückgreifen.

Um den Unterschied deutlicher zu machen, bereiten wir den Text nun weiter auf:

1. Wählen Sie zur Übung aus dem Text einzelne Wörter aus, die Sie kursiv darstellen wollen. Dazu markieren Sie das jeweilige Wort und klicken anschließend auf die Schaltfläche *Kursiv*. (Im Beispieltext: Jamben, Eau de Cologne, Musenalmanach, Almanache).
2. Markieren Sie jetzt die Überschriftzeile: Mit dem Mauszeiger vor das erste Zeichen klicken, die linke Maustaste drücken und anschließend den Mauszeiger so weit ziehen, wie die Markierung reichen soll.

Es geht aber auch noch einfacher:
Fahren Sie mit dem Mauszeiger links neben die Zeile, die markiert werden soll. Klicken Sie einmal mit der linken Maustaste und die ganze Zeile ist markiert. Halten Sie die Maustaste gedrückt und ziehen Sie diese nach unten, werden die folgenden Zeilen markiert.

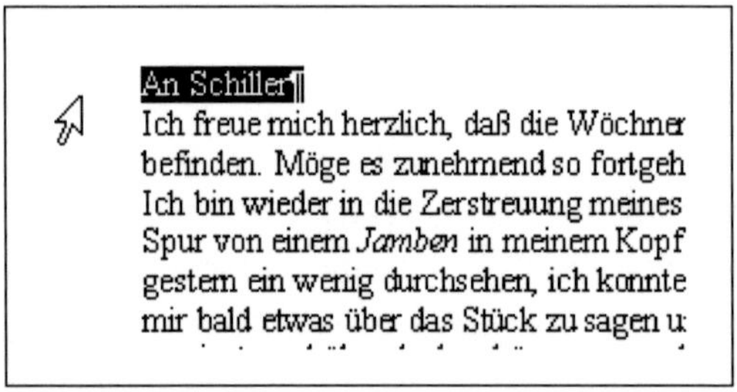

Abb. 13: Komplette Zeilen markieren

Tipp: Sie können auch die Tastenkombination Strg + Umschalt + K drücken. Nachdem ein erstes Wort markiert und formatiert wurde, geht es bei den folgenden noch schneller, indem Sie nach dem Markieren Strg + Y (= Wiederholen) drücken.

Öffnen Sie nun das Menü **Format** und die Option **Absatz**. Falls nicht im Vordergrund, klicken Sie auf das Register **Einzüge und Abstände**. Als erstes stellen Sie bei **Einzug Links**: einen Wert von *0,5 cm* ein. Bei **Abstand Vor:** und **Nach**: legen Sie *6 pt* fest. Bestätigen Sie die Einstellung mit einem Klick auf **OK**.

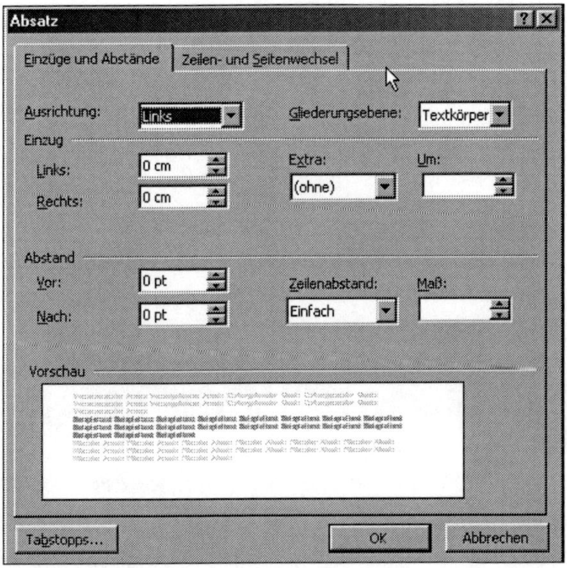

Abb. 14: Der Dialog zur Absatzformatierung …

Markieren Sie in der Überschrift »Schiller« (oder ein anderes einzelnes Wort) und klicken Sie auf F für das Zeichenformat Fett.

Sie sehen: Zeichenformatierung wirkt sich *nicht* auf den ganzen Absatz aus, Absatzformatierung sehr wohl.

Wählen Sie dann aus dem Menü **Format** wieder die Option **Absatz**. Stellen Sie nun ein bei Einzug Extra: *Erste Zeile* und bei um: *0,5 cm*. Außerdem bei Abstand Nach: *0,6 pt* und bei Zeilenabstand: *1,5 Zeilen*. Schließen Sie wieder ab mit **OK**.

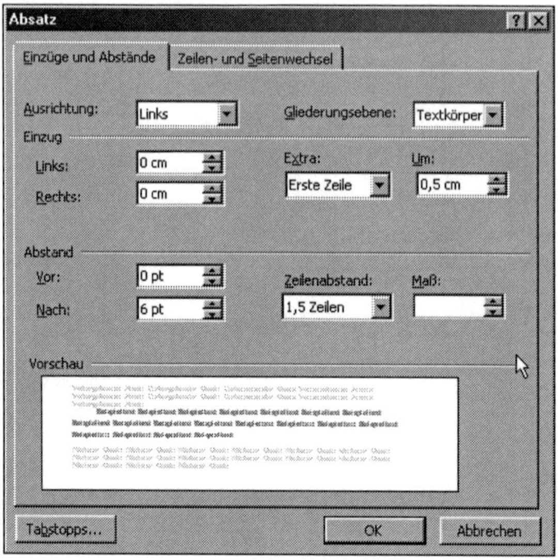

Abb. 15:
... Format-Absatz

Der Text ist nun besser lesbar geworden. Sie erkennen Absätze und heben die Überschrift und wichtige Worte dadurch hervor. Solche Gestaltungsarbeit können Sie mit der Schreibmaschine nur machen, indem das Manuskript ein weiteres Mal abgeschrieben wird. Bei der Arbeit mit Word kann ein Text einfach nachbearbeitet werden – auch mehrfach. Vielleicht experimentieren Sie ein wenig, um die Einstellungen kennenzulernen.

Absatzformate sind radikal. Im Beispiel ist am Ende ein Zeilenumbruch eingebaut, der keinen neuen Absatz erzeugt. Sollte die Zeile *Weimar, am 16. Oktober 1799* rechtsbündig formatiert werden, ginge das nicht. Der ganze Absatz (ab *Leben Sie recht wohl...*) wäre dann rechtsbündig. Man muß also aus dieser Zeile einen eigenen Absatz machen, um ihn gesondert behandeln zu können.

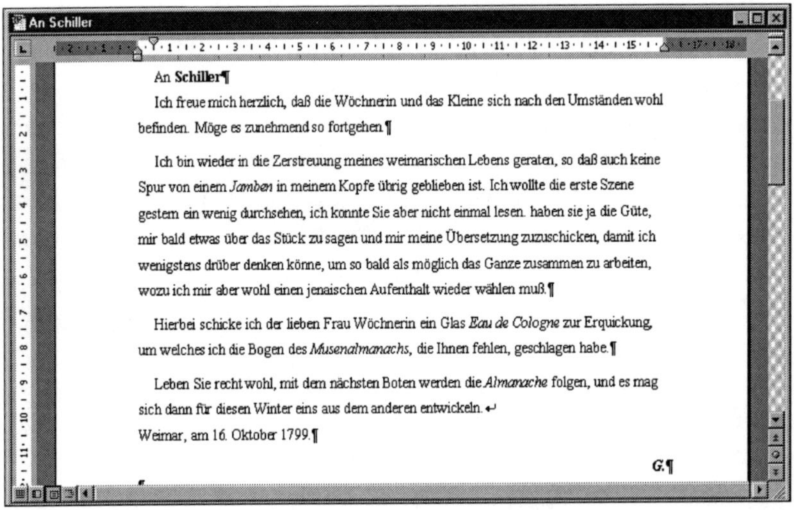

An **Schiller**¶

Ich freue mich herzlich, daß die Wöchnerin und das Kleine sich nach den Umständen wohl befinden. Möge es zunehmend so fortgehen.¶

Ich bin wieder in die Zerstreuung meines weimarischen Lebens geraten, so daß auch keine Spur von einem *Jamben* in meinem Kopfe übrig geblieben ist. Ich wollte die erste Szene gestern ein wenig durchsehen, ich konnte Sie aber nicht einmal lesen. haben sie ja die Güte, mir bald etwas über das Stück zu sagen und mir meine Übersetzung zuzuschicken, damit ich wenigstens drüber denken könne, um so bald als möglich das Ganze zusammen zu arbeiten, wozu ich mir aber wohl einen jenaischen Aufenthalt wieder wählen muß.¶

Hierbei schicke ich der lieben Frau Wöchnerin ein Glas *Eau de Cologne* zur Erquickung, um welches ich die Bogen des *Musenalmanachs*, die Ihnen fehlen, geschlagen habe.¶

Leben Sie recht wohl, mit dem nächsten Boten werden die *Almanache* folgen, und es mag sich dann für diesen Winter eins aus dem anderen entwickeln.↵
Weimar, am 16. Oktober 1799.¶

G.¶

Abb. 16: Ein aufbereiteter, gestalteter Text ist leichter zu lesen

2.5 Korrigieren und Überarbeiten

Einen Text sozusagen ins Unreine schreiben zu können, ohne ihn anschließend neu schreiben zu müssen, davon haben Schriftsteller sicherlich seit Jahrhunderten geträumt. Mit Word ist dies kein Problem mehr. Zwei einfache Techniken der Textkorrektur wurden bereits vorgestellt: Einzelne Zeichen werden an der Cursorposition durch Entf (rechts vom Cursor) und durch die ← Pfeiltaste BkSp (Backspace – links vom Cursor) entfernt.

Word kann aber mehr, und damit beschäftigt sich dieser Abschnitt ausführlich. Sie können einen markierten Text (einzelne Zeichen, mehrere Wörter, ganze Sätze und ganze Absätze) ausschneiden oder kopieren und an anderer Stelle wieder einfügen. Diese andere Stelle muß nicht im selben Dokument sein – es kann auch ein anderes Dokument gewählt werden, wenn Sie beispielsweise ein Zitat übertragen möchten.

Dazu ein Beispiel – vielleicht versuchen Sie es gleich mit Ihrem eigenen Text? Der Text muss zunächst im Quelldokument markiert werden. Anschließend wird er kopiert oder ausgeschnitten – je nachdem, ob er an der ursprünglichen Stelle noch benötigt wird. Soll innerhalb eines Textes ein Teil an eine andere Stelle gerückt werden, klicken Sie auf *Ausschneiden*. Soll er – wie im Beispiel dargestellt – als Zitat in einen anderen Text aufgenommen werden, muß er ja trotzdem noch im ursprünglichen Dokument stehen bleiben. Hier ist Kopieren richtig. Das *Einfügen* ist in beiden Fällen gleich: Der Cursor wird an die Stelle im selben oder anderen Dokument gesetzt, an welcher der Text erscheinen soll. Anschließend wird aus dem Menü **Bearbeiten** der Befehl **Einfügen** gewählt. Der Text wird aus der Zwischenablage an die neue Stelle geschrieben.

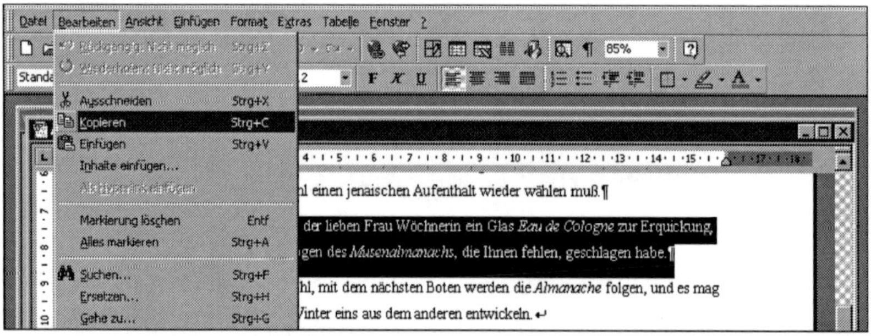

Abb. 17: Zunächst wird der benötigte Text im Quelldokument kopiert …

Achtung! War ein spezielles Absatzformat hinterlegt, wird es auch auf den empfangenden Absatz übertragen (es sei denn, der Text steht als separater Absatz). Wünschen Sie das nicht, wählen Sie **Bearbeiten – Inhalte einfügen**, klicken auf der Liste **Unformatierten Text** an und schließen mit **OK** ab.

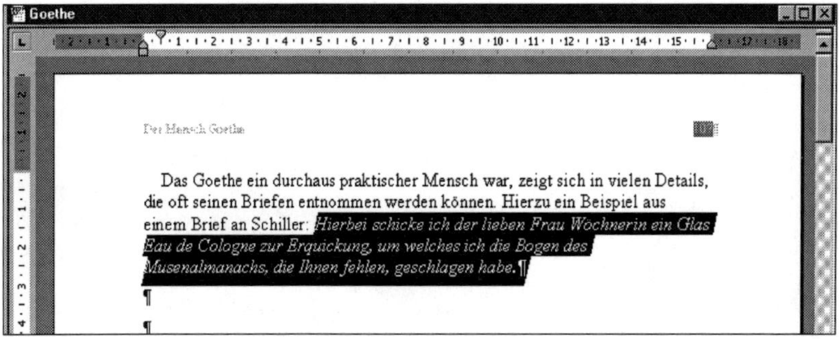

Abb. 18: … und dann an der neuen Stelle eingefügt

Dieses einfache Vorgehen spart beim Überarbeiten von Texten viel Arbeit und Zeit– für Autoren eine große Erleichterung.

Eine ebenso große Hilfe als Bearbeitungs- und Korrekturfunktion sind **Suchen** und **Ersetzen**, die ebenfalls im Menü **Bearbeiten** zu finden sind. Stellen Sie sich vor, Sie haben einen Roman abgeschlossen und gehen an die Überarbeitung. Den Namen einer der Hauptpersonen möchten Sie ändern. Sie haben sie bei der Arbeit »Carmen« genannt. Jetzt nach Abschluss der Arbeit stellen Sie fest, dass der Name »Corinna« besser passt. Der reine Horror, wenn Sie sich daranmachen müssten, jetzt alle 320 Manuskriptseiten durchzusehen, um an 177 Stellen den Namen zu ändern! Das bleibt Ihnen mit Word erspart, und zwar so:

Wählen Sie das Menü **Bearbeiten** und daraus den Befehl **Ersetzen**.

- Klicken Sie auf die Schaltfläche **Erweitern**. Der Dialog vergrößert sich und stellt weitere Optionen zur Verfügung.
- Tragen Sie unter **Suchen** nach: *Carmen* ein.
- Tragen Sie unter **Ersetzen** durch: *Corinna* ein.
- Bei *Nur ganzes Wort suchen* wird nur die eingegebene Wortform ersetzt, nicht abweichende Plural- oder Genitivformen. (*Carmens* Freund bliebe zum Beispiel stehen.)
- Klicken Sie auf die Schaltfläche **Alle Ersetzen**.

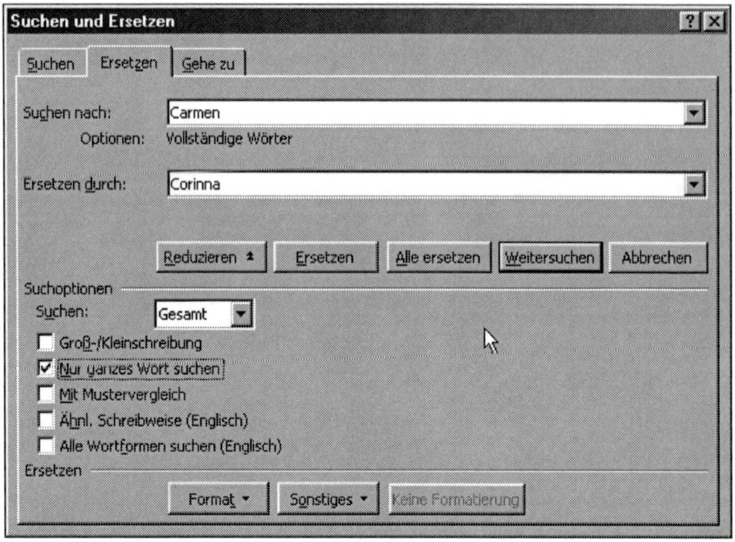

Abb. 19: Einzelne Zeichen, Wörter oder Texte können mit einem Befehl ersetzt werden

Das Kontrollkästchen vor Groß-/Kleinschreibung bleibt leer, damit fehlerhafte Schreibweisen gleich mitgefunden und durch die neue Schreibweise korrigiert werden. Die Suchrichtung bleibt auf Gesamt eingestellt, damit nicht von der Cursorposition aus nur nach oben oder unten gesucht und dadurch ein Textteil ausgelassen wird. Sehr schnell meldet sich Word zurück und gibt auch gleich an, wie viel Ersetzungen vorgenommen wurden.

Die Schlussbearbeitung eines Manuskripts wird wesentlich erleichtert, wenn Sie beispielsweise zu große Wortzwischenräume suchen lassen: Zwei Leertasten in *Suchen* und nur eine Leertaste in *Ersetzen* eingeben. Geben Sie nicht den Befehl *Alle ersetzen*, es gibt Fälle, in denen Sie größere Zwischenräume wünschen. Prüfen Sie also zunächst durch Einzelschritte, ob richtig ersetzt wird und ob Sie Wortzwischenräume stehen lassen möchten.

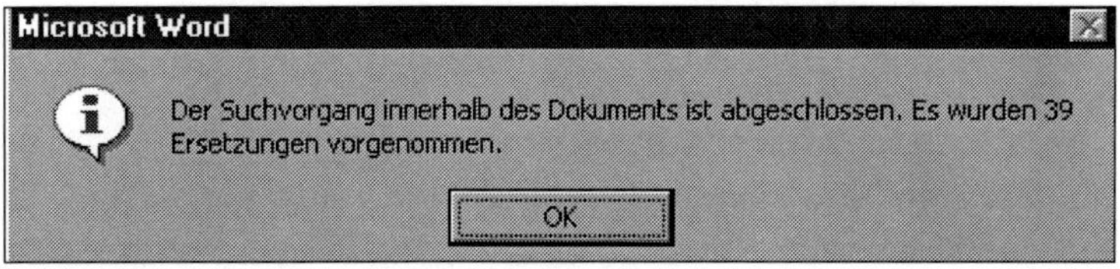

Abb. 20: Word meldet die vorgenommenen Ersetzungen

Auf gleiche Weise können Sie den kurzen Bindestrich durch den richtigen langen Gedankenstrich (Strg mit dem im numerischen Block rechts oben außen platzierten Minuszeichen) ersetzen oder die einfachen An- und Abführungsstriche gegen die in belletristischen Texten verwendeten »literarischen« Zeichen in einer Aktion am Schluss der Überarbeitung austauschen.

Die **Suchen**-Funktion eignet sich zum Auffinden bestimmter Stellen. Wenn Sie sich beispielsweise nicht mehr erinnern, wie oft Sie ein bestimmtes Wort schon verwendet haben.

Sie können diese Funktion als Werkzeug zur Stilverbesserung einsetzen und beispielsweise Lieblingsausdrücke, die Sie vielleicht ein wenig zu häufig verwenden, aufspüren und an jeder Stelle entscheiden, ob Sie neu formulieren möchten.

Zu Beginn dieses Kapitels wurde bereits die Rechtschreibprüfung beschrieben, die automatisch mitarbeitet. Wenn Sie dies irritiert, dann bietet Word die Variante, einen Text nur auf Befehl zu überprüfen. **Rechtschreibung und Grammatik** findet sich im Menü **Extras**, läßt sich über die Funktionstaste F7 direkt aufrufen oder über die zugehörige Schaltfläche aus der Symbolleiste starten. Die Rechtschreibprüfung startet sofort und sucht den ersten Fehler. Dieser wird in einem eigenen Fenster im Dialog angezeigt und zur Bearbeitung angeboten.

Sie können aber hier zunächst einmal anhalten und weitere Einstellungen und Anpassungen dieser Kontrolle vornehmen:

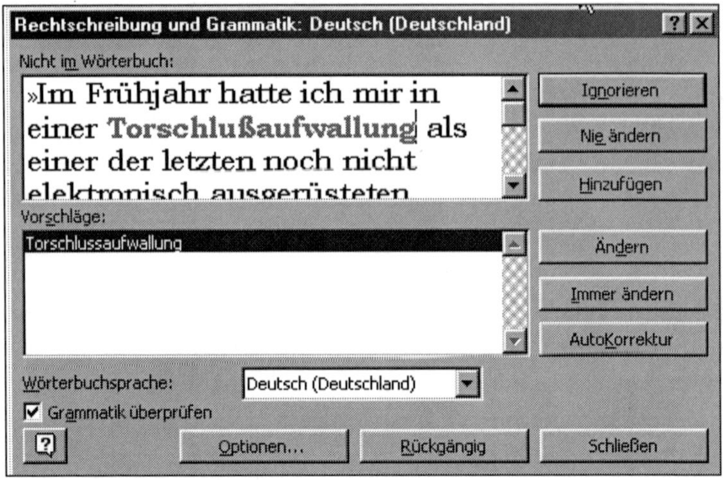

Abb. 21: Rechtschreibung und Grammatikprüfung aus dem Menü

Das Kontrollkästchen vor **Grammatik prüfen** (noch nicht in Word 6.0) ist zunächst leer. Klicken Sie mit dem Mauszeiger einmal hinein, zeigt Word nicht nur Rechtschreibfehler (rot) an, sondern weist auch auf grammatikalische Probleme (grün) hin.

Dabei werden sowohl Unstimmigkeiten bei der Interpunktion aufgezeigt, Unklarheiten der Groß- und Kleinschreibung gesucht, die die Rechtschreibkontrolle nicht gefunden hat, als auch grammatikalische Probleme aufzuspüren versucht.

Da diese Routine logisch vorgeht, kann man oft mit den Ergebnissen nichts anfangen. Dafür gibt es dann die Schaltfläche **Ignorieren**, mit der man den Hinweis übergeht. Es lohnt sich aber, einen Text zum Schluss dem Prüfprogramm zu unterziehen, es finden sich auch stehen gebliebene Wort- und Satzreste vom Überarbeiten.

Sie können die Art, wie Rechtschreibfehler und Grammatikprobleme aufgespürt werden, individuell anpassen. Ein Klick auf die Schaltfläche **Optionen**, und es erscheint eine Registerkarte mit Einstellungsvarianten für die **Rechtschreibung und Grammatik**-Prüfung.

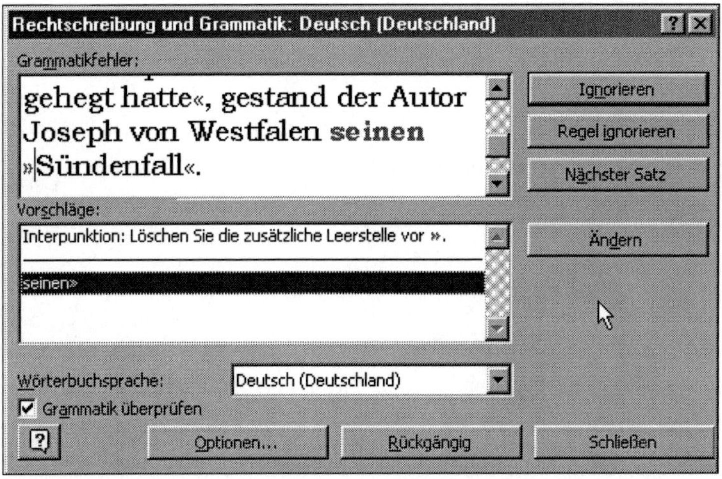

Abb. 22: Die Grammatikprüfung weist auf mögliche grammatikalische Fehler hin.

Diese Registerkarte ist dieselbe, die im Dialog **Extras – Optionen** angezeigt wird, lässt sich aber so viel schneller erreichen.

Wenn Sie Word zur Stilkontrolle verwenden möchten, rufen Sie über die Schaltfläche **Einstellungen …** im unteren Teil einen Dialog für die individuelle Grammtikprüfung auf. Durch Kreuze in den Kontrollkästchen bestimmen Sie das Prüfprogramm. Möchten Sie wissen, was hinter den Einstellungen steht, markieren Sie den Eintrag in der Liste und klicken auf die Schaltfläche **Erklären**.

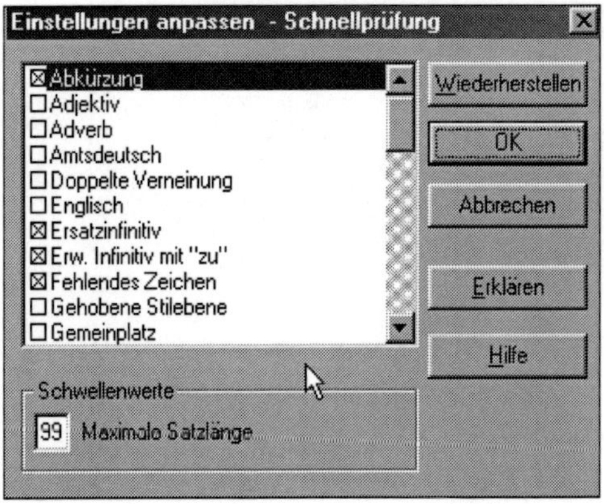

Abb. 23: Grammatikkontrolle

Gerade für Viel- und Schnellschreiber ist diese Art der nachträglichen *gesamten* Manuskriptkorrektur die bessere Möglichkeit, als eine ständige Korrektur mit roten Unterstreichungen während des Schreibens, die hemmt und aufhält. Bei kurzen Texten oder Briefen dagegen ist die Sofort-Korrektur angebracht.

2.6 Zurechtfinden in Dokumenten

Arbeiten Sie chaotisch? Schreiben Sie mal vorn, mal hinten, mal mitten im Manuskript? Dann ist Ihnen die **Gehe zu**-Funktion aus dem Menü **Bearbeiten** eine große Hilfe. Tatsächlich ist die Gehe zu-Funktion eine Variante der **Suchen und Ersetzen**-Funktion. Sie können damit zu einer bestimmten Seite springen, indem Sie die Seitenzahl eintippen. Sie können auch zu einer bestimmten Zeile oder Fußnote springen. Die Möglichkeit, zu einer Textmarke zu springen, ist besonders bei längeren Texten zeitsparend. Aber dazu muss sie erst angelegt werden.

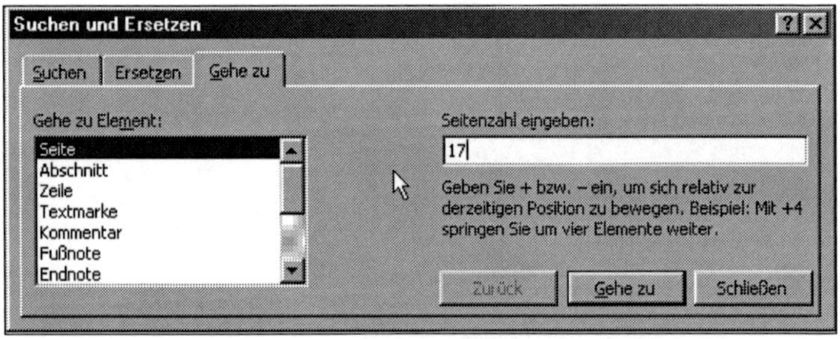

Abb. 24: Suchen und Ersetzen bietet auch den Seiten-Weitsprung

Dazu gehen Sie an eine Stelle im Dokument, die eine Sprungmarke bekommen soll. Besonders eignen sich dafür Kapitel oder Abschnitte. Dann wählen Sie aus dem Menü **Einfügen** den Befehl **Textmarke**. Im Dialog **Textmarke** tragen Sie einen Namen ein, den Sie auch später noch mit dieser Stelle assoziieren. Ein Klick auf **Hinzufügen** und die Textmarke ist eingetragen. Im Dokument ist nichts zu sehen. Nun können Sie diese Stelle jederzeit direkt über **Gehe zu** anspringen.

Abb. 25: Textmarken hinzufügen

Für Autoren kann der Sprung zu einem Kommentar eine gute Arbeitshilfe sein. Stellen Sie sich vor, Sie schreiben in kreativer Hochform, der Text entsteht wie von selbst. Die Finger rasen über die Tasten und das Manuskript wächst und wächst. Dann ist Schluss! Nichts geht mehr. Sie lehnen sich zurück, genehmigen sich einen *Sundowner*, schauen in den Abendhimmel und überfliegen Ihren Text noch einmal, bevor Sie den Computer ausschalten. Dabei fällt Ihnen zu dieser oder jener Stelle etwas ein, Sie sind aber zu müde, um das noch zu formulieren.

Das ist der Augenblick, in dem Sie **Einfügen – Kommentar** wählen. Sie schreiben ein paar Notizen und beenden mit einem Klick auf die Schaltfläche **Schließen**. Die farbige Markierung eines Wortes zeigt an, dass ein Kommentar hinterlegt ist. Sie können Morgen an dieser Stelle ihre spontane Idee aufgreifen.

Wenn Sie allerdings oft so arbeiten, kann bei längeren Manuskripten die Übersicht verloren gehen. Deshalb wählen Sie den Weg über **Gehe zu** und **Kommentar**. Mit den Schaltflächen **Weiter** und **Zurück** können Sie alle Kommentare einzeln aufrufen.

Sie können sich in einem Dokument auf verschiedene Weise bewegen:

- Die direkteste Art ist sicherlich die Bildlaufleiste am rechten Rand. Mit ihr bewegen Sie sich kontinuierlich vor- oder rückwärts.
- Den gleichen Effekt erreichen Sie über die Cursortasten. Halten Sie die ↑-Taste gedrückt, gehen Sie in Richtung Dokumentanfang. Halten Sie dagegen die ↓-Taste gedrückt, gehen Sie in Richtung Dokumentende.
- Etwas schneller geht es mit den *BildAuf* und den *BildAb*-Tasten. Jeder Tastendruck blättert eine Bildschirmseite auf oder ab.
- Zwei ganz fixe Tasten sind die *Pos1*- und die *Ende*-Taste – allerdings nur in Kombination mit *Strg* Taste. Die Kombination *Strg* + *Pos1* bringt den Schreibcursor sofort zum Anfang des Dokuments, die Kombination *Strg* + *Ende* an das Ende des Dokuments.

Die in den letzten beiden Kapitelabschnitten beschriebenen Hilfsmittel ermöglichen es Ihnen, sich auch in einem mehrere Hundert Seiten starken Werk flexibel zu bewegen, rationell und effektiv zu arbeiten, ohne den Überblick zu verlieren oder bei Änderungen etwas zu übersehen. Diese Techniken sind es, die es Autoren mit PC leichter machen, komplex strukturierte Werke zu schreiben.

2.7 Maus und Tasten

Die Erfindung der Maus (von Dough Engelbarth in den 60er Jahren bei XEROX PARC, nicht von B. G. der Firma M.) war ein Meilenstein in der Entwicklung des Computers. Fraglos ist sie auch bei der Textverarbeitung, besonders beim Markieren und Bearbeiten von Textstellen und beim Gestalten von Tabellen eine große Hilfe. Viele Befehle geben Sie aber schneller und einfacher mit der Tastatur.

Klicken Sie einmal mitten in Ihren Text (zunächst noch mit der Maus). Dann halten Sie die Hochstell-Taste gedrückt und drücken einmal, zweimal mit der ←Taste und der ↑Taste. Was sehen Sie auf dem Bildschirm? Sie haben – von der anfänglichen Cursorpositionierung einmal abgesehen – eine Markierung ohne Maus vorgenommen.

Schnell- und Vielschreiber werden diese zusätzlich Markiervariante begrüßen. Man kann damit während des Schreibflusses von der aktuellen Cursorposition aus eine Markierung vornehmen. Ist dies aber an einer weiter entfernt liegenden Stelle nötig, greifen Sie vermutlich zur Maus.

Auch die Menüs lassen sich nicht nur mit der Maus bedienen, wie bereits gezeigt wurde: Die Alt-Taste in Kombination mit dem unterstrichenen Buchstaben im Menü öffnet dieses. Jetzt reicht die Eingabe des unterstrichenen Buchstabens einer Option ohne die Alt-Taste, um die jeweilige Option auszuführen. Wollen Sie mit dem beweglichen Balken eine Auswahl treffen, können Sie ihn über die Pfeiltasten vor oder zurück bewegen.

Neben manchen Menü-Optionen steht auch eine Tastenkombination. Sie reicht aus, um einen Befehl auszuführen, ohne das Menü zu öffnen. Es genügt beispielsweise, die *F7* Taste zu drücken, um die Rechtschreibprüfung zu aktivieren. Mit *Strg + S* speichern Sie das aktuelle Dokument.

Es ist zu umständlich, erst ein Menü zu öffnen, um etwas über die Tastenkombinationen (*Hot Keys*) zu erfahren. Legen Sie sich deshalb eine Kopie der folgenden Tabelle neben Ihren PC und werfen Sie zwischendurch einen Blick darauf. Benutzen Sie immer wieder einmal eine Tastenkombination statt der Maus. Nach und nach prägen Sie sich die Tastenkürzel ein, und Ihre Arbeit mit Word wird effektiver. Wollen Sie alle Tastaturbefehle kennenlernen, gehen Sie in die Hilfe [F1] und tragen unter Index ein: *Tasten, Tastenkombinationen.* Wählen Sie erneut *Tastenkombinationen.* Nun können Sie aus einer Übersicht sämtliche in Word existierenden Tastenkombinationen themenorientiert auswählen.

Die wichtigsten Tastaturbefehle für Autoren

Tastenkürzel	Befehl	Bemerkung
Strg + W	Fenster schließen.	
Alt + F4	Word beenden.	
Strg + N	Neue Datei öffnen.	Vorlage NORMAL.DOT wird benutzt.
Strg + O	Datei öffnen.	
Strg + S	Datei speichern.	Speichert neues Dokument erstmals, bestehende Datei ohne Rückfrage erneut.
F12	Speichern unter...	
Strg + P	Datei drucken.	
Strg + Z	Letzten Befehl rückgängig machen.	
Strg + Y	Letzten Befehl wiederholen.	Nur verfügbar, wenn ein rücknehmbarer Befehl vorausgegangen ist.
Strg + X	Markierten Bereich in Zwischenablage kopieren.	
Strg + V	Inhalt der Zwischenablage an Cursorposition einfügen.	
Strg + A	Alles markieren.	
Entf	Markierung löschen.	Achtung! Löscht nicht Markierung, sondern alles Markierte.
Strg + F	Suchen.	F = Find
Strg + H	Ersetzen.	
Strg + G	Gehe zu.	G = Go
Strg + Umschalt + G	Umschalten zwischen Groß- und Kleinbuchstaben.	Gilt nur für das oder die markierten Zeichen.
Strg + Alt + N	Normalansicht darstellen.	

Tastenkürzel	Befehl	Bemerkung
Strg + Alt + L	Layout-Ansicht darst.	
Strg + Alt + G	Gliederungsansicht darstellen.	
Strg + Alt + I	Seitenlayout darstellen.	
Strg + F10	Fensteransicht wählen.	
Strg + F5	In Vollbildansicht umschalten.	
Strg + F6	Zwischen mehreren Dokumentfenstern wechseln.	Nur aktiv, wenn mindestens zwei Dokumentfenster geöffnet sind.
Strg + F8	Dokumentfenstergröße ändern.	Funktioniert nur, wenn Fensteransicht aktiv. Mit Pfeiltasten Größe ändern.
Strg + Alt + C	Copyright einfügen.	
Strg + Alt + F	Fußnote einfügen.	
Strg + Alt + E	Endnote einfügen	
Strg + Alt + M	Kommentar einfügen	Funktioniert nicht in Word 97!
Alt + Umschalt + D	Das aktuelle Datum an Cursorposition einfügen.	
Alt + Umschalt + T	Uhrzeit an Cursorposition einfügen.	
Strg + ↵	Seitenwechsel einfügen.	
Strg + D	Dialogfenster Zeichen öffnen.	
Strg + 8	Schriftgrad um einen Punkt verkleinern.	Funktioniert im markierten Text und in der Textfolge, in der der Cursor steht
Strg + 9	Schriftgrad um einen Punkt vergrößern.	
F7	Rechtschreib- und Grammatikprüfung öffnen.	
F10	Menüleiste aktivieren.	Danach kann mit den Pfeiltasten → und ← im Menü »geblättert« werden.

Tastenkürzel	**Befehl**	**Bemerkung**
Umschalt + F7	Thesaurus aufrufen.	
F1	Hilfe mit Inhalt und Index starten.	
Esc	Abbrechen einer Aktion oder eines Dialogs.	*Wichtig!* Hilft manchmal Schlimmeres zu verhindern. Führt meist aus einer ausweglosen Situation zurück.
Strg + Alt + S	Das aktuelle Dokument in zwei Hälften teilen.	Muß mit ↵ bestätigt werden. Die Teilung kann vorher noch mit der ↑- und ↓-Taste korrigiert werden.
F6	Zwischen zwei Hälften im geteilten Dokument springen.	Nur aktiv, wenn Teilung vorliegt.
Strg + Umschalt + A	Schriftart ändern.	Muß mit der ↑- oder ↓-Taste ausgewählt und der ↵-Taste bestätigt werden.
Strg + Umschalt + P	Schriftgröße ändern.	Wie bei Schriftart ändern.
Pos1	Schreibcursor an den Anfang einer Zeile.	
Ende	Schreibcursor an das Ende einer Zeile.	
Strg + Pos1	Schreibcursor an den Anfang des Dokuments.	
Strg + Ende	Schreibcursor an das Ende des Dokuments.	

Tabelle 2: Tastenkürzel in Word

Wer das Zehnfingersystem beherrscht, schreibt nicht nur auf der Schreibmaschine schnell, sondern auch auf der PC-Tastatur. Beim Computer kommen allerdings neue Tasten und damit auch neue Fingerkombinationen hinzu, die man erst einüben muss. Leider kann dafür kein Standard angegeben werden, da die Tastaturen unterschiedlich sein können. Auf einem Notebook beispielsweise sind die Tasten anders angeordnet als bei einer PC-Standardtastatur, und selbst dabei gibt es Abweichungen von den gängigen Systemen. Ergonomische, also geteilte Tastaturen sind für das Zehnfingersystem gut geeignet.

Einige Überlegungen an dieser Stelle können aber helfen, die bereits gut organisierte Fingerarbeit zu verbessern.

- Der Daumen ist eigentlich beim Zehnfingersystem unterfordert. Gewöhnlich wird er nur bei der Leertaste eingesetzt (meist der rechte, gelegentlich auch der linke Daumen). Wie wäre es, den linken Daumen z. B. auf die Alt-Taste zu trainieren und den rechten auf die AltGr-Taste?
- Mit welchem Finger erreichen Sie die Pos1-, Entf- und Ende-Taste? Probieren Sie es einmal mit Ihrem rechten kleinen Finger.
- Wie müssen Sie die Lage der rechten Hand verändern, um die Pfeiltasten zu erreichen?

Vielleicht möchten Sie diese drei Punkte an Ihrer Tastatur ausprobieren?

Sie können sich übrigens durch QuickInfo nicht nur die Bedeutung der Schaltflächen, sondern auch die dazugehörigen Tastaturbefehle schnell anzeigen lassen:

1. Klicken Sie mit der rechten Maustaste in einen freien Bereich der Symbolleisten. Wählen Sie aus dem Kontextmenü den Befehl **Anpassen...**
2. Holen Sie die Registerkarte **Optionen** in den Vordergrund und klicken Sie in das Kontrollkästchen vor **Tastenkombinationen in QuickInfo anzeigen.**
3. Schließen Sie mit **OK** ab.

Wenn Sie danach mit dem Mauszeiger auf eine Schaltfläche in der Symbolleiste fahren und eine Sekunde warten, wird nicht nur die Bedeutung der Schaltfläche erklärt, sondern auch ein Tastaturbefehl dazu angezeigt, soweit er dafür existiert.

2.8 Alles Einstellungssache

Je individueller Sie Ihr Word auf Ihre Bedürfnisse programmieren, um so effektiver arbeiten Sie damit. Vieles erklärt sich selbst oder kann über die Online-Hilfe von Word nachgeschlagen werden. Hier die für Autoren wichtigsten Einstellungen:

Über **Extras – Optionen** und dem folgenden Dialog finden Sie eine Reihe von Registerkarten. Im Vordergrund steht immer die zuletzt bearbeitete Karte. Beim ersten Mal ist es die Registerkarte **Ansicht**. Falls diese jetzt nicht bei Ihnen im Vordergrund steht: ein Klick auf das Register Ansicht genügt.

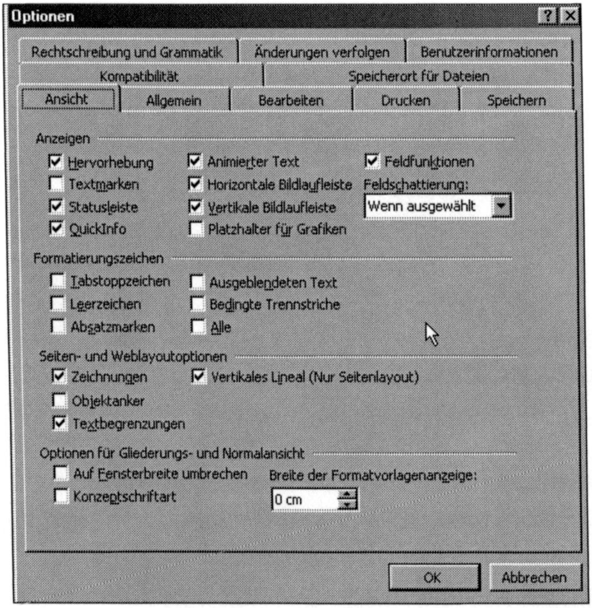

Abb. 26:* *Die Ansichts-Karte von Word

Die erste Optionsgruppe befasst sich mit Einstellungen, die regeln, was an Objekten und Objekteigenschaften angezeigt wird. Voreingestellt ist nicht viel. Interessant sind die *Feldfunktionen.* Haben Sie viele Grafiken in Ihrem Dokument, aber vergessen, welche Dateinamen hinter den Bildern stehen, aktivieren Sie das Kontrollkästchen durch einen Mausklick vor *Feldfunktionen.* Danach sind die Grafiken verschwunden, dafür aber die Feldfunktionen sichtbar, die den Dateinamen enthalten. Die Bilder sind nicht verloren: Wenn Sie das Häkchen herausklicken, erscheinen sie wieder im Dokument.

Von den *Formatierungszeichen* sind standardmäßig nur die *Absatzmarken* vorgegeben und die sollten auch angezeigt werden. Zusätzlich sollten Sie die *Leerzeichen* aktivieren, die dann als Punkt dargestellt werden. Damit entdecken Sie unnötige Leerzeichen. Andere Zeichen anzeigen zu lassen, ist nur in Dokumenten sinnvoll, in denen sie häufig vorkommen. Wenn Sie *Alle* einstellen, können Sie keine Zeichen übersehen.

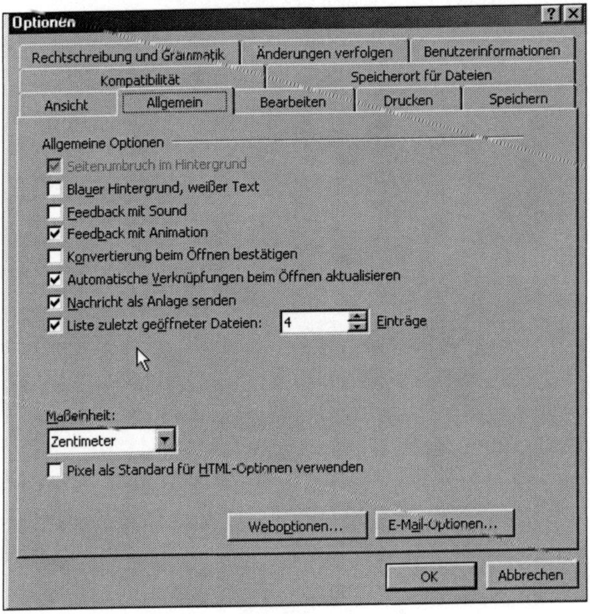

Abb. 27: Allgemeine Einstellungen

In der Registerkarte **Allgemein** aktivieren Sie das Kontrollkästchen vor (*Makrovirus-Schutz* sowie) *Automatische Verknüpfungen beim Öffnen aktualisieren* und vor *Liste zuletzt geöffneter Dateien*. Daneben können Sie die Zahl (voreingestellt 4) variieren. Diese Vier-Dateien-Liste finden Sie, wenn Sie, beispielsweise bei Arbeitsbeginn, das Menü **Datei** öffnen. Ganz unten stehen die zuletzt benutzen Datcien. Sie können durch Anwahl aus dieser Liste ohne Umwege gestartet werden.

Auf der Registerkarte **Bearbeiten** legen Sie fest, wie eine Bearbeitung Ihrer Texte durchgeführt wird. *Eingabe ersetzt Auswahl* ist Standardvorgabe. Jede Markierung wird durch eine beliebige Eingabe ersetzt. Das können Sie hier ausschalten, dann wird aber der Umgang mit Markierungen umständlicher: Sie müssen immer erst mit der Entf-Taste das Markierte entfernen, bevor Neues an die zuvor markierte Stelle gesetzt werden kann.

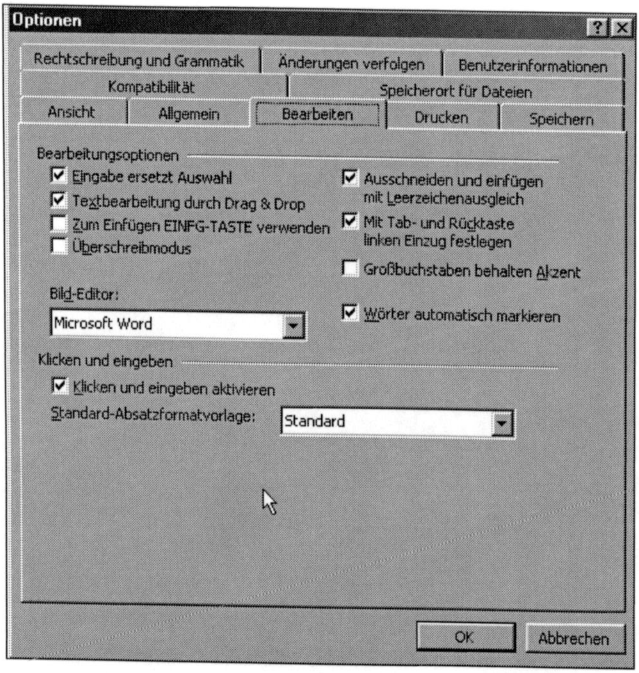

Abb. 28: Bearbeiten

Je nach Arbeitsweise können Sie den *Überschreibmodus* aktivieren. Setzen Sie den Cursor mitten in einen Text. Wenn Sie jetzt schreiben, wird der rechts vom Schreibcursor stehende Text weitergeschoben. Beim Überschreibmodus würde er überschrieben.

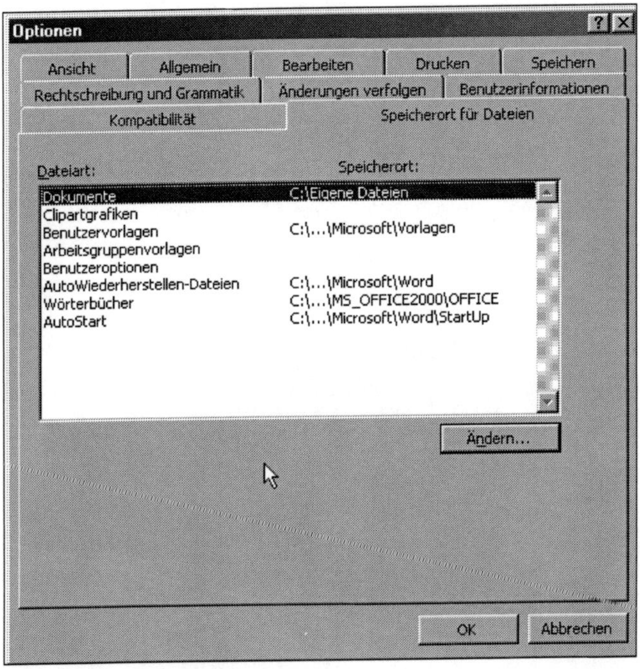

Abb. 29: Dateiablage

Auf der Registerkarte **Speicherort für Dateien** können Sie die Pfade festlegen, auf denen Word Dateien findet. Wichtig sind die Pfade zu *Dokumente* und *Clipart-Grafiken.*

Und so geht es:

- Markieren Sie durch Anklicken mit der Maus den Pfad, den Sie verändern wollen (z. B. Dokumente….)
- Klicken Sie auf die Schaltfläche *Ändern.*
- Wählen Sie einen neuen Pfad aus. Das kann durch das Öffnen und

Schließen von Ordern im Fenster des Dialogs geschehen oder durch direkte Eingabe im Listenfeld *Ordnername*:

- Klicken Sie auf OK und im Dialog Optionen erneut auf OK.

Auf diese Weise kann Word ständig neuen Arbeitssituationen angepasst werden.

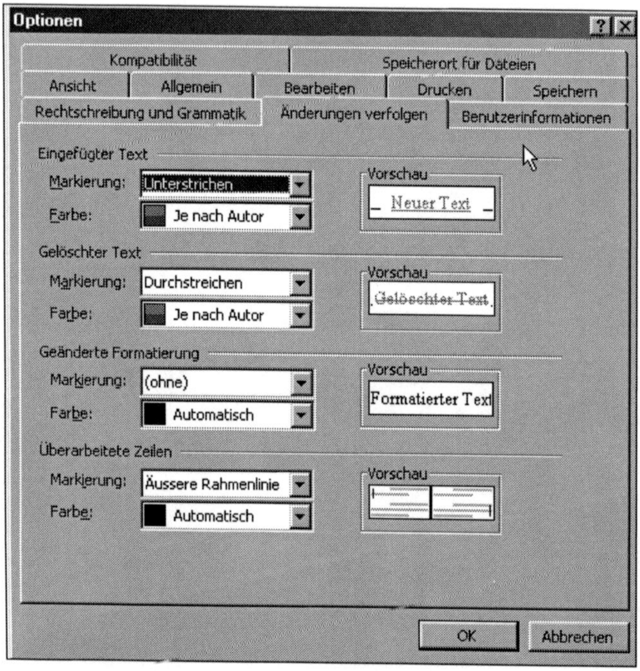

Abb. 30: Einstellungen zur Darstellung von Überarbeitungen

Wichtig für Autoren: Überarbeitungen können in Word unterschiedlich gekennzeichnet werden. Wie, legen Sie auf der Registerkarte **Änderungen verfolgen** fest. Sie können beispielsweise bei Multi-Autoren-Projekten für verschiedene Autoren unterschiedliche Farben festlegen, so daß leicht zu erkennen ist, von wem die Bearbeitung eines Textes stammt. Aus Listfeldern können Sie die Darstellungsvariationen auswählen und die Auswirkung in einem kleinen Vorschaukästchen rechts daneben sehen.

Mögliche Einstellungen auf der Registerkarte **Rechtschreibung und Grammatik** wurden bereits vorgestellt. Sie können die Rechtschreibprüfung während der Eingabe ausschalten, indem Sie das Häkchen aus *Rechtschreibung während der Eingabe überprüfen* herausklicken. Die anderen Einstellungen sollten Sie zunächst belassen.

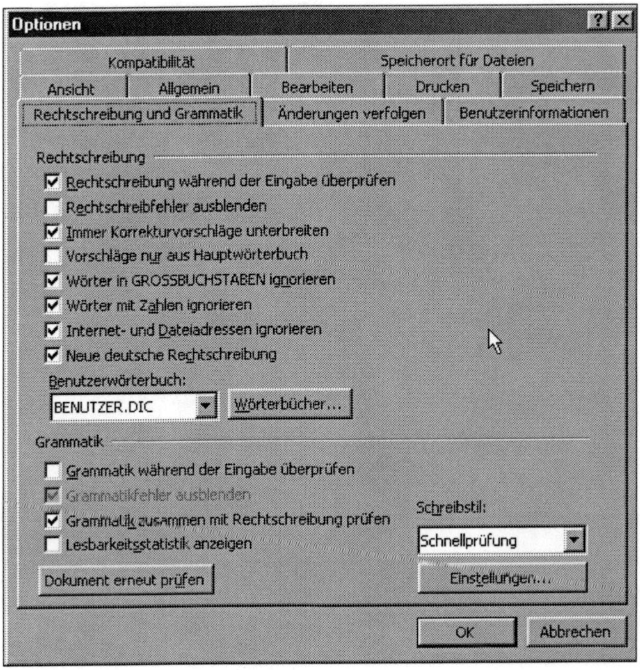

Abb. 31: Rechtschreibung und Grammatik automatisch kontrolliert

Keinesfalls sollten Sie die *Grammatik während der Eingabe überprüfen* lassen. Das hält auf, abgesehen von oft unnötigen Unterbrechungen.

Für Autoren ist die Option *Benutzerwörterbuch* interessant. Über die Schaltfläche *Wörterbücher* gelangen Sie in ein neues Fenster. Hier werden individuelle Benutzerwörterbücher verwaltet. Auch Belletristikautoren, die umfassende Recherchen betreiben und einen Dialekt oder Fachjargon in einem Werk, aber sonst nicht, verwenden, können dafür extra Wörterbücher anlegen.

Ein Wörterbuch in der Liste wird erst durch ein Häkchen im Kontrollkasten eingeschaltet. Mit der Schaltfläche **Neu...** legen Sie neue Wörterbücher an. Angenommen, Sie arbeiten sich in ein neues Wissensgebiet ein – etwa der Philosophie –, dann legen Sie ein eigenes Benutzerwörterbuch dazu an, um das vorhandene nicht mit sonst selten benötigten Begriffen zu überlasten.

Mit der Schaltfläche **Hinzufügen...** nehmen Sie bereits vorhandene Wörterbücher in die Liste auf, z. B. wenn ein neuer Computer angeschafft wurde und alles neu installiert ist, Sie aber auf Ihre im Laufe der Zeit gewachsenen Wörterbücher nicht verzichten möchten.

Abb. 32: Benutzerwörterbücher verwalten

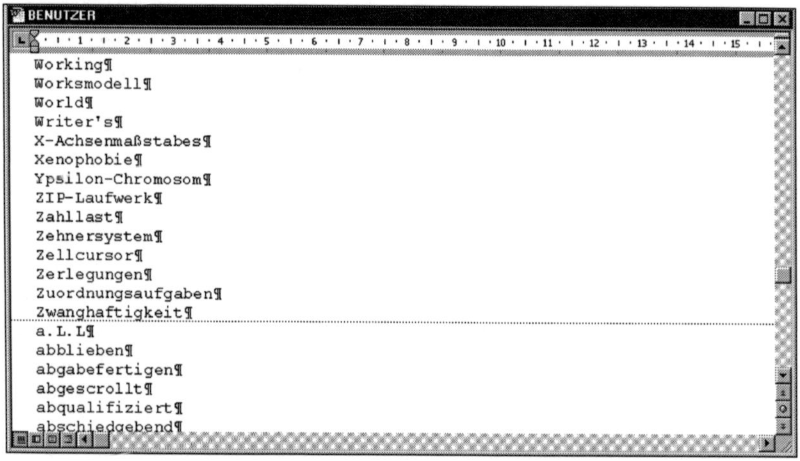

Abb. 33: So sieht ein Benutzerwörterbuch »von innen« aus

Ändern Sie auch Groß- und Kleinschreibung einzelner Wörter nicht. Sie erkennen beim Durchblättern, dass zunächst die großgeschriebenen Wörter alphabetisch aufgereiht sind. Dann folgen die Wörter mit kleinem Anfangsbuchstaben. Löschen können Sie Wörter aus der Liste, aber dabei dürfen keine Leerstellen in der Liste zurückbleiben. Hinzufügen sollten Sie nur über den indirekten Weg der Rechtschreibprüfung. Dann können Sie sicher sein, dass das Wort an der richtigen Stelle steht.

3. Schreibroutine

3.1 Text verloren?!

Wenn verloren geglaubte Manuskripte bekannter Schriftsteller, manchmal Jahrzehnte nach ihrem Tod, auftauchen, ist das literarische Interesse groß. Gehören solche aufsehenerregenden Funde der Vergangenheit an? Wird man nach dem Tod moderner Autoren deren Festplatte nach unveröffentlichten Texten und verworfenen Textfragmenten systematisch durchsuchen, um sie veröffentlichen zu können?

Die Suche nach Texten, Kapiteln, Abschnitten oder einer Kurzgeschichte ist jedenfalls mit Word einfach, vorausgesetzt, Sie kennen den Dateinamen oder können wenigstens Begriffe assoziieren, die darin vorkommen. Dann haben Sie alle Chancen, Ihren Text, den Sie vor Jahren geschrieben haben, wiederzufinden.

Soll auf einem Datenträger des PC eine bestimmte Datei gesucht werden, so führt der Weg in Word zunächst über das **Datei – Öffnen …**-Menü.

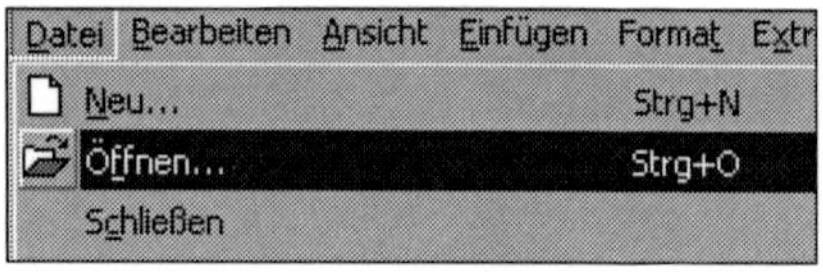

Abb. 34: Öffnen im Datei-Menü

Mit dem Dialog **Öffnen …** können Sie schnell eine Datei öffnen und mit einfachen Mitteln durch den Verzeichnisbaum des Datenträgers wechseln. Außerdem ist er ein komplexes Suchwerkzeug, mit dem Sie Dokumente, deren Namen Sie vergessen haben, schnell wiederfinden können.

Unter **Suchen in:** wird der aktuell eingestellte Ordner gezeigt. In einem Fenster listet der Dialog alle Word-Dokumente auf, die er im aktuellen Ordner finden kann. Er zeigt auch die weiteren Ordner in diesem Verzeichnis an. Es genügt, einen dieser Ordner doppelzuklicken, um in diesen zu wechseln und dort die vorhandenen Word-Dokumente anzusehen. Ist das gesuchte Dokument darin, einfach anklicken und über die Schaltfläche **Öffnen** auf den Monitor holen.

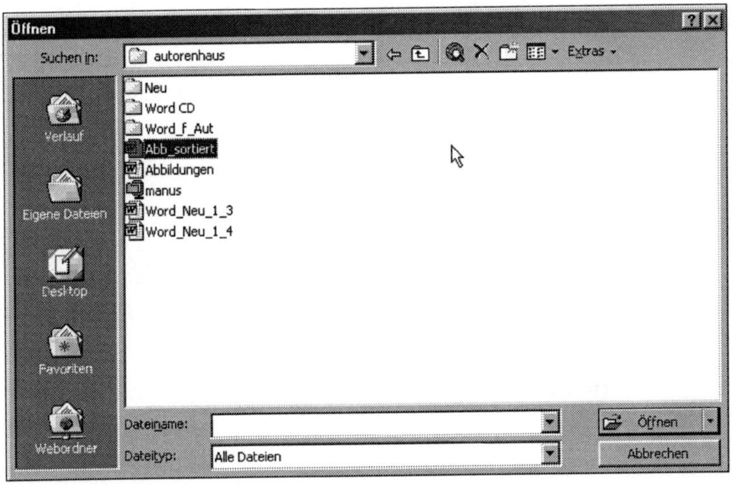

Abb. 35: Der Datei-Dialog von Word

Abb. 36: Die Computer-Struktur

Gezeigt wird nur der Inhalt des aktuellen Ordners, nicht aber, in welchem Laufwerk er sich befindet. Klicken Sie auf den Pfeil neben der Anzeige in **Suchen in**:, dann öffnet sich ein Fenster, das die komplette Verzeichnisstruktur des Computers zeigt. Sie können sie erweitern und verkleinern, wie im Explorer auch. Mit dem Rollbalken können Sie die Struktur bewegen und gezielt einen Ordner markieren, ein Doppelklick und der Inhalt des Ordners erscheint. Ein, zweimal auf die Schaltfläche neben *Suchen in*: klicken, und Sie sind im passenden Verzeichnis.

Am linken Rand des Dialogs finden Sie einige größere Schaltflächen, die Einfluss auf die Anzeige im **Öffnen**-Fenster haben.

Mit *Verlauf* stellen Sie die Dateien in der Reihenfolge dar, wie Sie zuletzt bearbeitet wurden.

Eigene Dateien ist die Standardvoreinstellung. Zunächst wird der Ordner Eigene Dateien angezeigt und dann nach entsprechender Auswahl (s. o.) die Inhalte beliebiger anderer Ordner.

Desktop zeigt an, was alles auf dem Windows Desktop liegt – also nicht nur Dokumente.

Favoriten zeigt die Dateien an, die am häufigsten bearbeitet wurden oder direkt in die Liste der Favoriten aufgenommen wurden.

Netzwerkumgebung lässt die Suche nach Dateien in einem Netzwerk zu – allerdings nur in freigegebenen Ressourcen, d. h. auf Laufwerken und Verzeichnissen, die allen Netzwerkteilnehmern zur Verfügung stehen.

Direkt neben der *Suchen in*: Anzeige finden sich weitere Schaltflächen.

Hier eine Übersicht über deren Bedeutung:

Übergeordneter Ordner – wechselt in den Ordner, in dem sich der aktuelle Ordner befindet.

Das Web durchsuchen – sucht im Internet, sofern angeschlossen.

Löschen – löscht die ausgewählte Datei

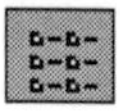

Liste – einfachste Auflistung der Dateien (Standardvorgabe). Es können die meisten Dateien auf einmal gesehen werden.

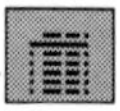

Details – die ausführlichste Auflistung der Dateien. Dateigröße, Typ und Datum der letzten Speicherung werden angezeigt.

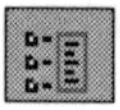

Eigenschaften – In einem geteilten Fenster werden neben den Dateinamen Informationen zum Dokument angegeben.

Vorschau – Die markierte Datei wird in einer Vorschau angezeigt.

Sind in Ihren Ordnern viele Dateien enthalten, ist die *Liste* die beste Wahl, da im Fenster die meisten Dateien angezeigt werden. Ist die Zahl der Dateien überschaubar, zeigt die *Detail*-Ansicht die meisten Informationen.

Näher ansehen sollten Sie sich auf jeden Fall die Schaltflächen für *Eigenschaften* und *Vorschau*. Im ersten Fall werden zu den jeweils markierten Dateien Informationen angezeigt, die vermuten lassen, daß es auf der Festplatte so etwas wie einen »Geheimdienst« gibt, der Informationen sammelt und archiviert. Neben dem Erstellungsdatum und dem letzten Änderungsdatum ist sogar die Anzahl der Bearbeitungssitzungen darin zu erkennen (unter *Bearbeitung*:)

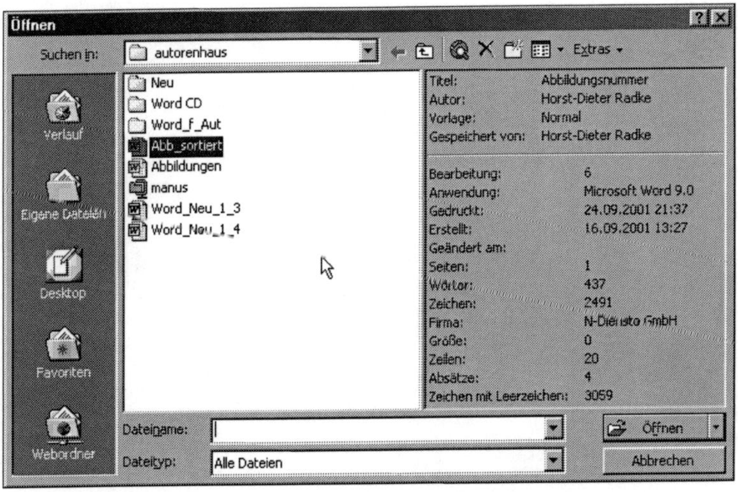

Abb. 37: Eigenschaften der Dokumente können ebenso …

Noch interessanter ist die *Vorschau*. Wenn Sie in einem Ordner 99 Dateien haben und nicht wissen, unter welchem Namen sich das gesuchte Dokument verbirgt, ist guter Rat teuer. Sollen alle Dateien nach und nach geöffnet und angeschaut werden? Möglicherweise ist erst nach 98 vergeblichen Versuchen die Datei gefunden. Das ist mit der Vorschau nicht nötig. Zu jeder markierten Datei wird daneben eine Einsicht in das Dokument gewährt. Ein Öffnen ist so nicht erforderlich und relativ schnell sind alle Dateien gesichtet (und hoffentlich das gesuchte Dokument gefunden).

Tipp: Ein Klick mit der *rechten* Maustaste auf einen Dateinamen zaubert übrigens im **Datei Öffnen** Dialog das gleiche Kontextmenü hervor, das auch im Explorer benutzt werden kann, um Dateien und Verzeichnisse zu bearbeiten. Sie können Dateien **Umbenennen, Löschen, Senden** …

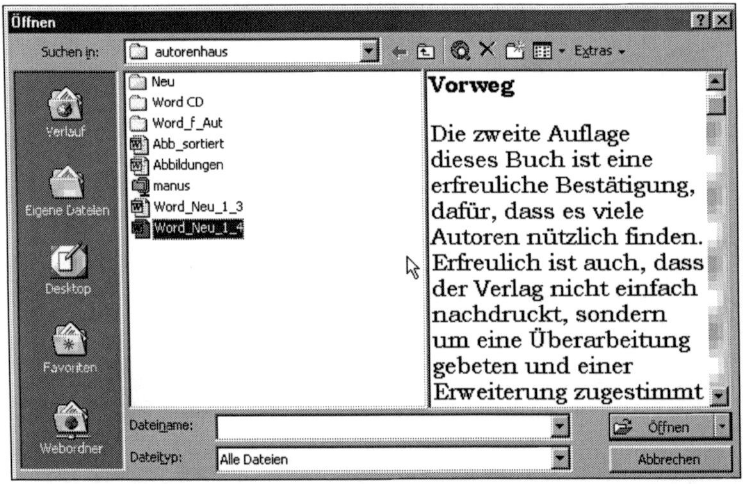

Abb. 38: … wie eine Dokumentvorschau angezeigt werden

Die Schaltfläche *Extras – Drucken* bietet die Möglichkeit Dateien zu Drucken, ohne diese erst zu öffnen.

Sie wissen nicht mehr wie die Datei für Ihren neuen Krimi heißt, den Sie vor dem Urlaub angefangen haben? Kein Problem, wenn Sie bestimmte Begriffe wissen, die in diesem Manuskript vorkommen.

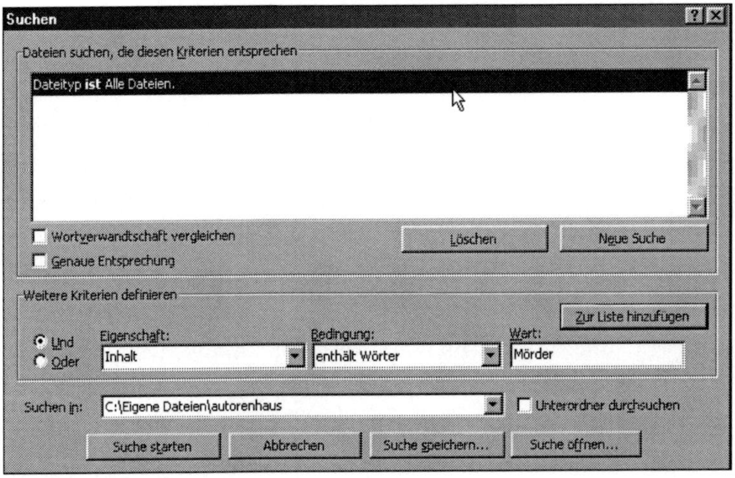

Abb. 39: Suchen-Dialog im Öffnen-Fenster

Suchen Sie in allen Word-Dokumenten nach diesem Begriff, z.B. »Mörder«. Den Suchen Dialog erreichen Sie über die Schaltfläche **Extras**.

Bei der Suche nach Dateien können Sie auch mit den so genannten Wildcards (auf Deutsch: Platzhalter) arbeiten. Ein Fragezeichen ersetzt ein einzelnes Zeichen. *Te?t.doc* findet sowohl die Datei *Text.doc* als auch *Test.doc* (soweit diese vorhanden sind). Ein Stern ersetzt eine ganze Zeichenkette. So würden beispielsweise für *Te*.doc* die Dateien *Test.doc, Text.doc, Teller.doc, Tedeum.doc, Teuerungsrate.doc* u.ä. gefunden. Übrigens hätte die Vorgabe *Te*t.doc* das gleiche Ergebnis. Eingaben *nach* dem Stern sind also nicht sinnvoll, da wirkungslos.

Übrigens: Jeder »Dateifilter«, den Sie auf diese Weise eingeben, wird nach der Bestätigung mit der ↵-Eingabetaste gespeichert und kann wieder benutzt werden.

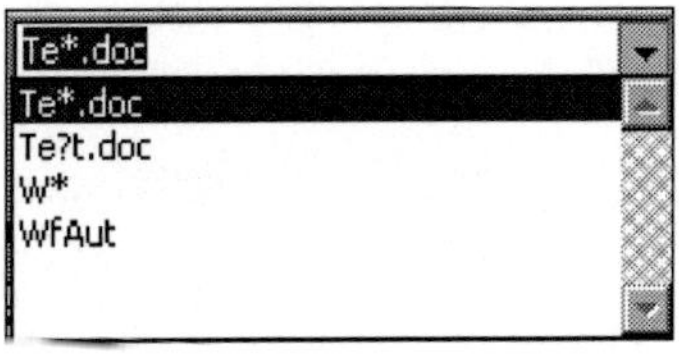

Abb. 40: Gespeicherte Dateisuche

Der Dramatiker Arthur Miller wurde im Oktober 1998 in der Berliner Akademie der Künste gefragt, woran er gerade arbeite. Arthur Miller: »Ich schreibe ein neues Stück, aber ich habe es gestern im Computer verloren.« Mit diesen Instrumenten hätte er vielleicht die gesuchte Datei im Dickicht seiner Festplatte aufgespürt.

Das sind aber noch nicht alle Möglichkeiten der Dateisuche in Word. Die Word-Hilfe kann Ihnen weitere Möglichkeiten verraten. Geben Sie dazu in der Hilfe auf der Registerkarte Index *Dateien, suchen* ein.

Bei regelmäßiger Arbeit mit dem Computer häufen sich die Dateien in den verschiedenen Ordnern. Oft sind bestimmte Dokumente und Ordner nicht mehr aktuell. Einige könnten gelöscht werden, andere möchten Sie aber behalten, auch wenn Sie längere Zeit nicht mehr daran gearbeitet haben. Wurde zum Beispiel ein Buchprojekt abgeschlossen, möchten Sie vielleicht später bei einer Neuauflage das Manuskript überarbeiten und dazu die Fassung, die in Druck gegangen ist, wieder aufrufen.

Denken Sie an die Regel: Jeden neuen Text zusätzlich auf Diskette speichern. Allerdings ist auf Disketten für illustrierte Werke meist zu wenig Platz. Wer ein sogenanntes ZIP-Laufwerk besitzt, kann erheblich mehr speichern.

Tipp: Eine Kompromisslösung sind Packprogramme wie WINZIP, PKZIP, ARC, RAR etc. Besorgen Sie sich eines dieser Programme und packen Sie fertige Projekte in gepackte Dateien, die auf Disketten ausgelagert werden können. Das spart Platz und Zeit beim Wiederfinden. Arbeiten Sie unter Windows ME oder Windows XP? Dann brauchen Sie keines dieser Packprogramme, denn hier beherrscht es schon das Betriebssystem. Sie können im Explorer einen komprimierten Ordner erstellen (rechte Maustaste, Kontextmenü) und die Dateien dort hineinschieben bzw. hineinkomprimieren.

3.2 *Texte überarbeiten, ändern, vergleichen*

Sie haben ein Manuskript fertig und wollen es später überarbeiten. Dabei wird gekürzt und weggestrichen. Beim nächsten Mal ergänzen Sie diesen Text um einige Passagen und schließlich sieht die Endfassung ganz anders aus als der erste Text. Da packt Sie der Zweifel und Sie möchten frühere Fassungen noch einmal lesen. Hätte dazu jede einzelne Version gespeichert werden müssen? Das wäre natürlich die »sauberste Lösung« – alle Versionen wären schön getrennt voneinander. Es ist aber nicht unbedingt die praktischste Lösung. Irgendwann können Sie am Dateinamen selbst nicht mehr erkennen, was die eine von der anderen Version unterscheidet. Selbst wenn Sie streng durchnummerieren – Text1.doc, Text2.doc, Text3.doc usw. –, wissen Sie bald nicht mehr, was das Merkmal jeder Version ist. Word bietet hier eine bessere Lösung.

Wählen Sie aus dem **Datei**-Menü die Option **Version** (diese Funktion gibt es erst ab Word 8.0 oder Word 97). Im folgenden Dialog können Sie die aktuelle Fassung speichern. Klicken Sie auf die Schalt-

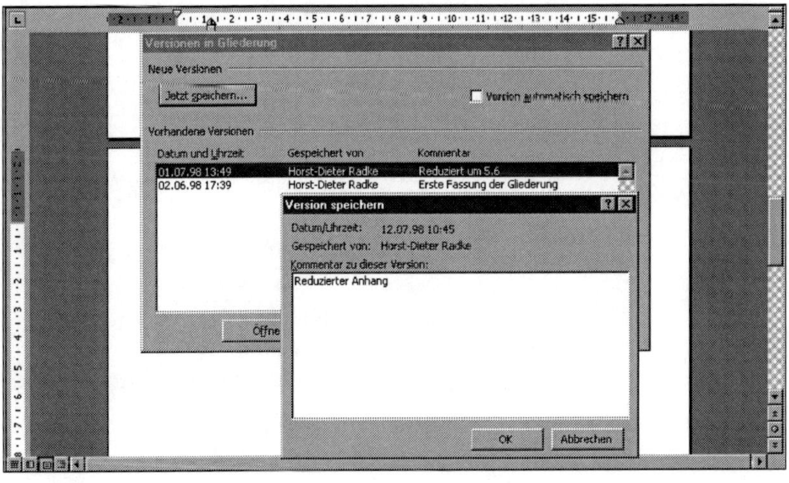

Abb. 41: Word verwaltet verschiedene Textversionen eines Dokuments

fläche **Jetzt Speichern**. Vor dem eigentlichen Speichern können Sie einen Kommentar anfügen, der dann zur jeweiligen Version im Fenster gezeigt wird. Das Kontrollkästchen vor **Version automatisch speichern** sollten Sie aber leer lassen – sonst haben Sie irgendwann zahlreiche Versionen ohne Kommentar – und damit wären Sie wieder beim gleichen Problem. Sie erkennen bei einem Dokument an der Statuszeile (rechts unten am Bildschirmrand), ob mehrere Versionen vorliegen, dann taucht nämlich das Symbol mehrerer gestaffelter gelber Ordner auf.

Wenn Sie nun eine frühere Version einsehen wollen, öffnen Sie den Versionen-Dialog und markieren die betreffende Version. Ein Klick auf **Öffnen** und Word zeigt in einem eigenen Fenster – parallel zur aktuellen Version – diese ältere Version an. Einen Haken hat die Geschichte allerdings. Wollen Sie einen Versionsvergleich durchführen, müssen Sie diese ältere Version unter einem eigenen Namen als separates Dokument abspeichern.

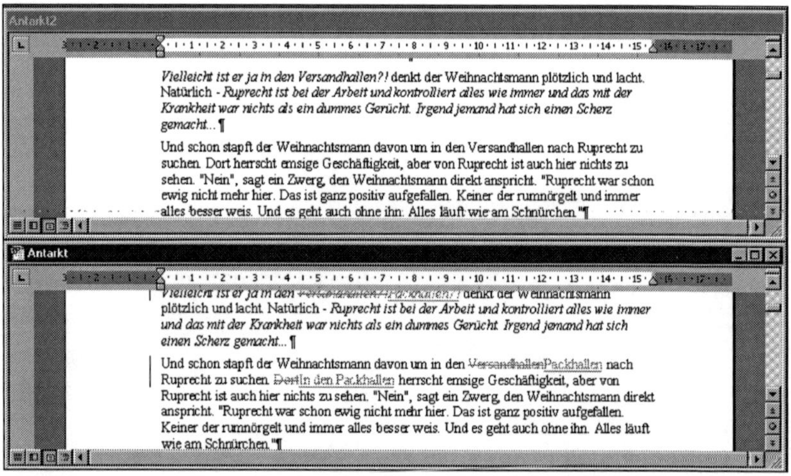

Abb. 42: Word markiert Abweichungen im Versionsvergleich

Der direkte Vergleich zweier Dokumente und das Aufzeigen von Unterschieden funktioniert aber nicht über den zuvor beschriebenen Weg. Dazu müssen zwei Dokumente in separaten Dateien vorliegen. Gehen Sie folgendermaßen vor:

- Laden Sie eines der beiden Dokumente in Word.
- Wählen Sie aus dem Menü **Extras** die Option **Änderungen verfolgen – Dokumente vergleichen.**
- Wählen Sie im Dialog das zweite Dokument aus. Word wird dieses mit dem offenen Dokument vergleichen und Abweichungen kennzeichnen.
- Öffnen Sie das zweite Dokument in Word (als zweites Fenster).
- Stellen Sie beide Fenster so gegenüber, dass ein Vergleich möglich wird. Suchen Sie die Stellen, die Word als Vergleich markiert hat.

Das ist nicht ohne Umstand, macht aber die Unterschiede zwischen den beiden Versionen ganz deutlich.

Sie können Änderungen auch direkt im Dokument sichtbar machen, damit andere Bearbeiter die Korrekturen und Ergänzungen nachvollziehen können, beispielsweise bei einem Multi-Autoren-Projekt oder wenn Sie fremde Texte lektorieren.

Wählen Sie aus dem Menü **Extras** die Option **Änderungen verfolgen – Änderungen hervorheben…** Häkchen vor: **Änderungen während der Bearbeitung markieren.** Das Kontrollkästchen vor: **Änderungen im Ausdruck hervorheben** bleibt leer.

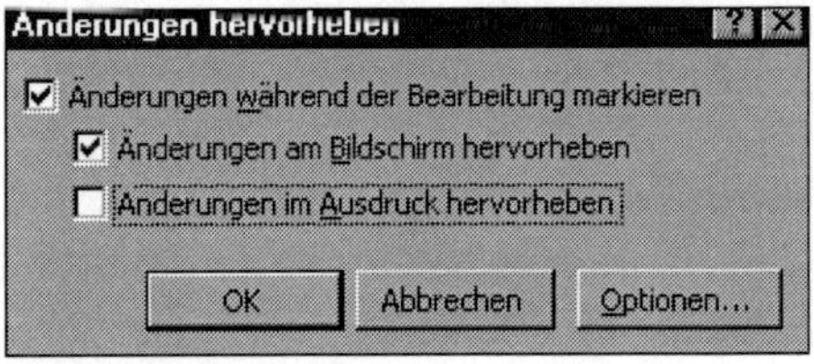

Abb. 43: Änderungen

Eine wichtige Überarbeitungshilfe ist die bereits beschriebene Kommentarfunktion. Damit können Sie gezielt »interne« Hinweise zur Überarbeitung anfügen, ohne im Manuskript selbst zu ändern.

3.3 *Richtig markiert ist halb überarbeitet*

Bei umfangreichen Manuskripten, die mehrfach überarbeitet werden, wird viel markiert. Natürlich kann man alles mit der Maus machen und selbstverständlich gibt es keine Grenzen mit den bereits vorgestellten Tastaturbefehlen. Wie es aber noch ein ganz klein bisschen feiner und besser gehen kann, folgen hier Tipps zum schnellen Markieren:

- Setzen Sie einmal den Schreibcursor mitten im Text vor ein Wort. Drücken Sie jetzt die Hochstell-Taste und die →Taste. Ganz richtig. Das erste Zeichen rechts vom Cursor wurde markiert.
- Drücken Sie die Hochstell-Taste, die Strg-Taste und die → Taste, schon ist das ganze Wort markiert.
- Und nun probieren Sie es mit der Kombination aus Hochstell-Taste, Strg-Taste und ↑Taste. Jetzt wurde der ganze Absatz von der Cursorposition aus nach oben markiert.
- Und was bewirkt Hochstell-Taste plus Ende-Taste? Was die Hochstell-Taste und die Posl-Taste? Am besten probieren Sie sämtliche Tastenkombinationen der folgenden Tabelle einmal aus. Beim Markieren kann ja nichts verloren gehen – es sei denn, Sie drücken versehentlich eine andere Taste und überschreiben die Markierung, die damit natürlich gelöscht ist. Aber das können Sie mit einem Mausklick auf den linken der beiden halbkreisförmigen Pfeile in der Mitte der Symbolleiste rückgängig machen!

Eine Markierung heben Sie auf, indem Sie die Hochstell-Taste loslassen und eine Pfeiltaste drücken oder die Maustaste loslassen und erneut kurz drücken.

Achtung: Wenn Sie eine andere Taste drücken, solange die Markierung aktiv ist, wird die Aktion dieser Taste auf die Markierung übertragen. Der markierte Text wird gelöscht. Über *Bearbeiten – Rückgängig* können Sie den Vorgang widerrufen.

Eine weitere Besonderheit bietet die F8-Taste. Wer schon mit älteren DOS-Textverarbeitungen gearbeitet hat (z. B. Word 6.0), kennt F8 bereits als Taste für den Markierungsmodus. Positionieren Sie den Cursor irgendwo mitten im Text. Drücken Sie die F8-Taste: Zunächst passiert nichts. Drücken sie jetzt die Komma-Taste: Der Text bis zum nächsten Komma wurde markiert.

Drücken Sie die Punkt-Taste: Die Markierung wird bis zum nächsten Punkt erweitert. Drücken Sie einen beliebigen Buchstaben. Die Markierung wird bis zum ersten Auftreten dieses Buchstabens erweitert.

Jetzt drücken Sie die Hochstell-Taste und die F8-Taste: Die Markierung wird auf einen Satz reduziert.

Wiederholen Sie das, und die Markierung wird auf ein Wort reduziert. Bei erneuter Wiederholung verschwindet die Markierung ganz. Der Markierungsmodus ist aber nach wie vor eingestellt!

Wenn Sie eine der Pfeiltasten benutzen, beginnt Word wieder mit dem Markieren. Um den Markierungsmodus aufzuheben, müssen Sie die Esc-Taste drücken. Die Markierung verschwindet erst, wenn Sie eine Pfeiltaste oder eine Maustaste betätigen.

Schnelle Textmarkierung

Tastenkürzel	**Bedeutung**
Hochstell + →	ein Zeichen nach rechts
Hochstell + ←	ein Zeichen nach links
Hochstell + Strg + →	von Cursorposition bis zum nächsten Wortanfang
Hochstell + Strg + ←	von Cursorposition bis zum Wortanfang
Hochstell + Strg + ↑	von Cursorposition bis zum Absatzanfang
Hochstell + Strg + ↓	von Cursorposition bis zum Absatzende
Hochstell + Pos1	von Cursorposition bis zum Zeilenanfang
Hochstell + Ende	von Cursorposition bis zum Zeilenende
Hochstell + Strg + Pos1	von Cursorposition bis zum Dateianfang
Hochstell + Strg + Ende	von Cursorposition bis zum Dateiende
Hochstell + Strg + BildAuf	von Cursorposition bis zum oberen Fensterrand
Hochstell + Strg + BildAb	von Cursorposition bis zum unteren Fensterrand

Und wie entsteht das folgende Markierungsmuster? Versuchen Sie es einmal mit der Maus und/oder der Tastatur! Eigentlich ist es ganz einfach, wenn Sie den Markierungsmodus benutzen.

Mit der Tastatur markiert:

- Drücken Sie Hochstell-Taste und Strg und F8.
- Lassen sie die Tasten los.
- Bewegen Sie die →Taste um einige Zeichen nach links.
- Bewegen Sie die ↓Taste um einige Zeilen nach unten.
- Drücken Sie Esc um den Markierungsmodus auszuschalten.

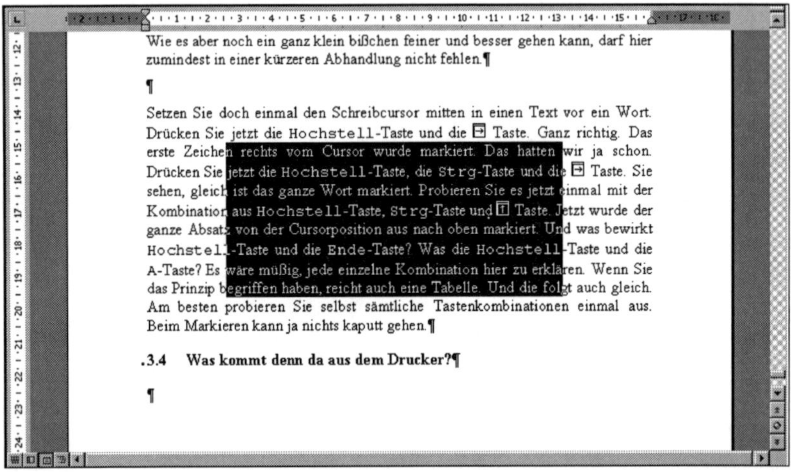

Wie es aber noch ein ganz klein bißchen feiner und besser gehen kann, darf hier zumindest in einer kürzeren Abhandlung nicht fehlen.¶

¶

Setzen Sie doch einmal den Schreibcursor mitten in einen Text vor ein Wort. Drücken Sie jetzt die Hochstell-Taste und die → Taste. Ganz richtig. Das erste Zeichen rechts vom Cursor wurde markiert. Das hatten wir ja schon. Drücken Sie jetzt die Hochstell-Taste, die Strg-Taste und die → Taste. Sie sehen, gleich ist das ganze Wort markiert. Probieren Sie es jetzt einmal mit der Kombination aus Hochstell-Taste, Strg-Taste und ↑ Taste. Jetzt wurde der ganze Absatz von der Cursorposition aus nach oben markiert. Und was bewirkt Hochstell-Taste und die Ende-Taste? Was die Hochstell-Taste und die A-Taste? Es wäre müßig, jede einzelne Kombination hier zu erklären. Wenn Sie das Prinzip begriffen haben, reicht auch eine Tabelle. Und die folgt auch gleich. Am besten probieren Sie selbst sämtliche Tastenkombinationen einmal aus. Beim Markieren kann ja nichts kaputt gehen.¶

.3.4 Was kommt denn da aus dem Drucker?¶

¶

Abb. 44: Auch so kann in Word markiert werden!

Mit der Maus geht es auch:

- Drücken Sie Hochstell-Taste und Strg und F8.
- Lassen sie die Tasten los.
- Halten Sie die Alt-Taste gedrückt.
- Nehmen Sie mit der Maus die Markierung vor.
- Drücken Sie Esc um den Markierungsmodus auszuschalten.

Und sagen Sie nicht, dass es unsinnig ist, solche Markierungen vorzunehmen. Spätestens dann, wenn Sie einmal eine Tabelle ohne den Tabellenmodus gebastelt haben – z. B. mit dem Tabulator –, wird Ihnen diese Methode sehr hilfreich sein.

Am besten arbeiten Sie zunächst mit der Ihnen vertrauten Maus und führen nach und nach Tastenbefehle in Ihre Schreib- und Überarbeitungsroutine ein.

Sie gewinnen Zeit und arbeiten entspannter.

3.4 Drucken: Do you get, what you see?

Mit Word und Windows können Sie Drucker und Ausdruck so beeinflussen, dass das Ergebnis auf dem Papier schließlich dem weitgehend entspricht, was man sich vorgestellt hat: *What you see, is what you get.*

Doch wie gibt man die richtigen Befehle? Ein Klick auf die Schaltfläche mit dem Drucker (links oben) und – falls der Drucker auf *Online* steht, also verbunden und eingeschaltet sowie Papier eingelegt ist –das Dokument wird ausgedruckt. Für eine einzelne Seite, Dokumente, Briefe oder Notizen reicht das aus. Aber ein Dokument von 100 Seiten so auszudrucken, ist problematisch. Was tun, wenn zwischendurch Toner oder Tinte ausgehen, Papier falsch eingelegt war? Oder Sie entdecken noch Fehler …

Der bessere Weg zum Ausdruck geht über das Menü **Datei**. Hier ist es aber nicht der Befehl **Drucken**, der zunächst angewählt werden sollte, sondern der Befehl **Seite einrichten…** Auf der ersten Registerkarte ***Seitenränder*** wird eingestellt, welche Teil des Blattes überhaupt bedruckt werden soll. Ränder und Abstand für Kopf- und Fußzeilen vom Seitenrand sind festzulegen. Handelt es sich um *gegenüberliegende Seiten* (z.B. bei einem Buch)? Bei größeren Dokumenten sollten die Einstellungen nur für einen Abschnitt und nicht für das ganze Dokument gewählt werden, besonders, wenn Kapitelüberschriften oder Felder in die Kopf- oder Fußzeile übernommen werden.

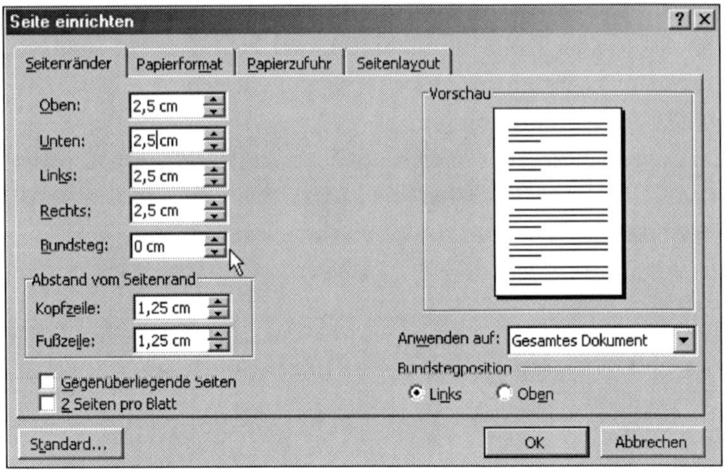

Abb. 45: Seite einrichten ist die Vorstufe zum Drucken

Auf der zweiten Registerkarte wird das ***Papierformat*** eingestellt, üblicherweise *DINA4*. Sie können auch das Blatt im *Quer-* statt *Hochformat* bedrucken lassen. Die dritte Registerkarte ***Papierzufuhr*** greift direkt auf den Drucker zu. Die meisten Tintenstrahlrucker haben einen Papiereinzug und eine Einzelblattzufuhr. Laserdrucker haben meist mehrere Papierschächte z.B. für Blankopapier oder Formulare, hier kann gewählt werden.

> *Tipp*: Achten Sie beim Einlegen des Papiers in den Drucker darauf, dass die vordere, glatte Seite (Pfeil auf der Papierverpackung) bedruckt wird. Sie verschmutzt die Bildtrommel des Laserdruckers und die Patrone des Tintenstrahlers weniger.

Auf der vierten Registerkarte *Seitenlayout* legen Sie fest, ob der *Abschnittsbeginn* auf einer *Neuen Seite, Fortlaufend* oder anders fallen soll. *Kopf- und Fußzeilen* können *Gerade/ungerade anders* oder auf jeder Seite *gleich* eingerichtet werden, wichtig z.B. bei Seitenzahlen. Ungerade Seitenzahlen stehen immer rechts, die geraden links.

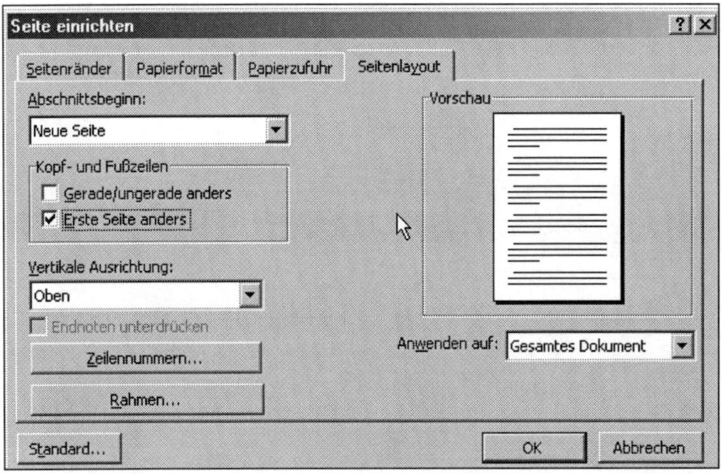

Abb. 46: Das Seitenlayout sollte vor dem Drucken eingestellt werden

Über die Schaltfläche ***Standard*** ... können alle vorgenommenen Einstellungen zurückgesetzt werden. Mit **OK** werden die Einstellungen aber endgültig festgelegt.

Normalerweise bestimmen Sie die Seiteneinstellungen nur einmal für das Dokument. Am Ausdruck sieht man, ob die Einstellungen richtig gewählt waren. Möglicherweise zeigt sich, dass die Fußzeilenabstände zu groß oder zu klein bemessen waren. Word stellt die Fußnoten zunächst anders dar, als sie ausgedruckt werden.

Handelt es sich um längere Fußzeilentexte, muss Platz geschaffen werden, damit sie möglichst auf der zugehörigen Seite stehen.

Tipp: Für beidseitigen Druck lassen Sie über **Datei – Drucken – Ungerade Seiten** die erste Hälfte des Manuskripts drucken. Sobald der Druck beendet ist, drehen Sie die ungeraden Druckseiten um und drucken über **Datei – Drucken – Gerade Seiten** die zweite Hälfte aus. Achtung: Manche Laserdrucker dürfen nicht zweiseitig drucken.

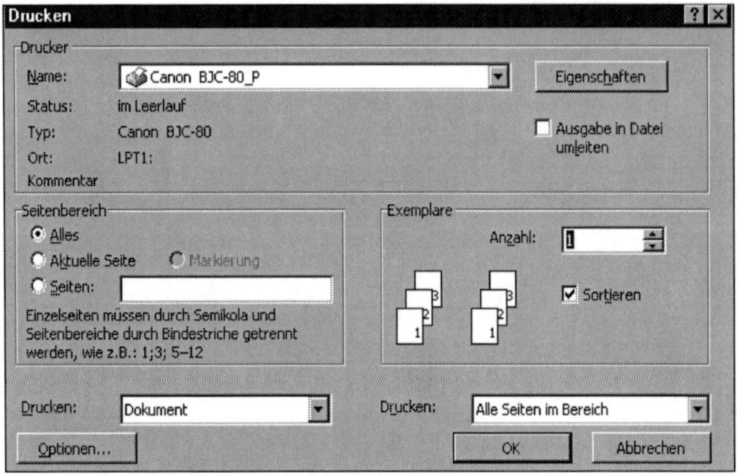

Abb. 47: Druckereinstellungen vor jedem Druck prüfen

Was aber immer wieder neu bestimmt werden muss, sind die Einstellungen im Dialog *Drucken.* Vielleicht benutzen Sie außer Ihrem Laserdrucker zusätzlich einen Farbtintenstrahldrucker, um auf dem Laserdrucker Druckvorlagen und auf dem Farbdrucker Präsentationen herzustellen. Unter **Drucker: Name:** wählen Sie den gewünschten Drucker.

Farbdrucker sind weit verbreitet, die Anschaffungspreise sind gefallen, dafür sind Farbpatronen teuer. Da die meisten Farbdrucker, nur gelegentlich für Farbdrucke verwendet werden, kann es sich lohnen, Drucker mit separater schwarzer Patrone von *Farbig* auf *Schwarz* umzustellen, weil sonst Schwarz aus den drei Basisfarben der Farbpatrone gemischt wird. Sie müssen nur die Druckereinstellung ändern, wenn Sie wieder etwas farbig drucken wollen. Um die Einstellung dauerhaft zu ändern, klicken Sie in Windows 95 zuerst auf die Schaltfläche **Start** und wählen dann **Einstellungen – Drucker**. Nach einem rechten Mausklick auf das Symbol des Farbdruckers wählen Sie **Drucker – Eigenschaften**, und Sie gelangen in eine Dialogbox mit mehreren Registerblättern.

In Windows 98 und Windows ME erreichen Sie diese Dialogbox, indem Sie in Word **Datei – Drucken** (Alternativ: Strg + P) wählen. Klicken Sie dann im Bereich *Drucken* auf die Schaltfläche **Eigenschaften.**

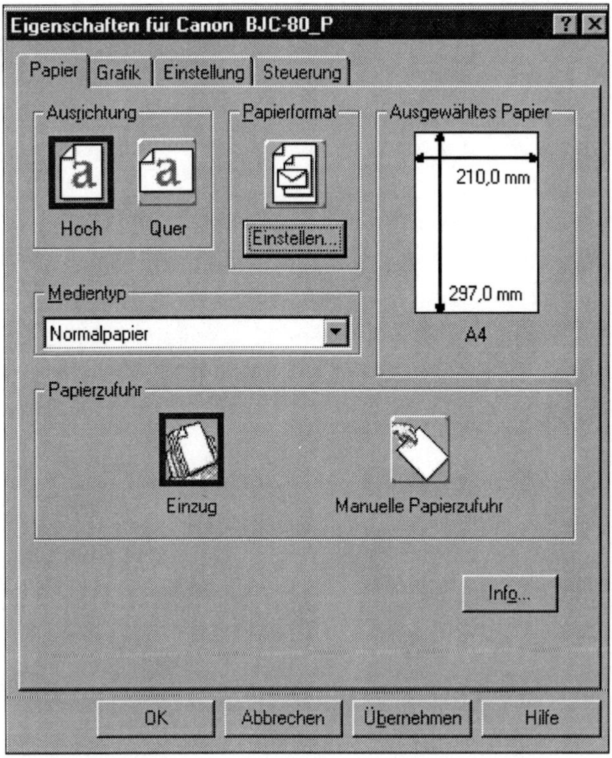

Abb. 48: Drucker-Einstellungen

Über die Schaltfläche **Eigenschaften** werden Einstellungen am Drucker vorgenommen. Für die verschiedenen Drucker gibt es unterschiedliche Einstellungsvarianten, so dass ein Dialog hier nur exemplarisch gezeigt werden kann. Die Eigenschaften werden schon mit der Druckerinstallation festgelegt und erscheinen mit dem gleichem Bild in allen Anwendungsprogrammen. Hier können Seitenformat, Papierqualität, Papierzufuhr etc. festgelegt werden.

Um den Dokumentdruck geht es bei den nächsten beiden Einstellungsoptionen.

Da ist zunächst der *Seitenbereich,* bei dem festgelegt wird, was gedruckt werden soll.

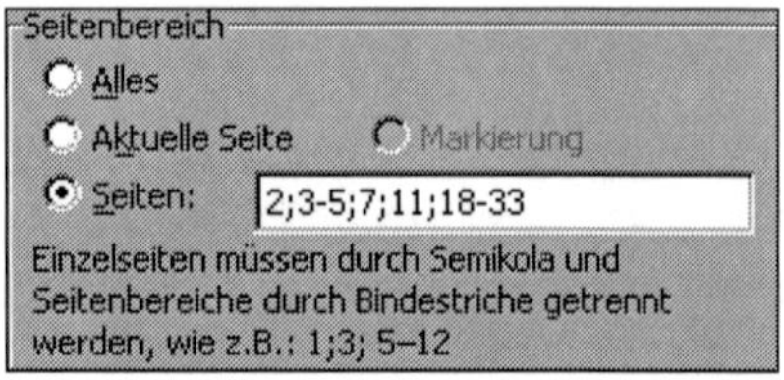

Abb. 49: Zu druckende Seiten

Klicken Sie auf *Aktuelle Seite* wird nur die Seite gedruckt, in der Ihr Schreibcursor gerade steht.

Nur wenn ein Text markiert wurde, erscheint automatisch die Option *Markierung* – ansonsten ist sie grau hinterlegt, also unwirksam.

Die Option *Seiten*: erlaubt, einzelne Seiten zum Druck auszuwählen. Ist Ihr Dokument z.B. vollständig ausgedruckt und Sie finden beim Korrekturlesen auf verschiedenen Seiten noch Fehler, dann können Sie nach der Korrektur die entsprechenden Seiten neu drucken lassen.

Die Regeln dazu: Seiten trennen Sie durch Semikolon, Seitenbereiche durch Bindestriche.

Wieviel *Exemplare* gedruckt werden sollen, stellen Sie bei Anzahl ein.

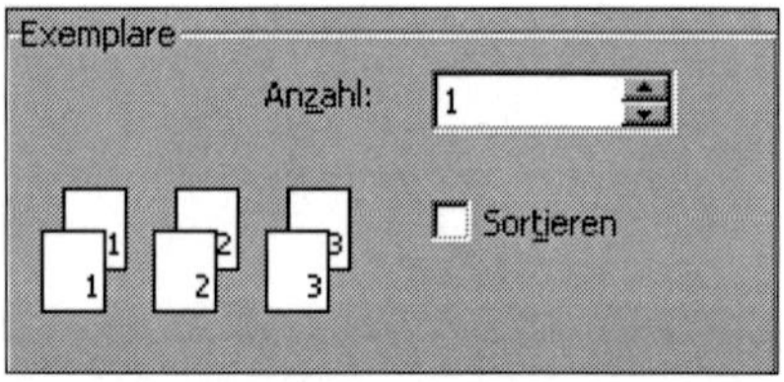

Abb. 50: Anzahl der Exemplare

Ist bei mehreren Exemplaren *Sortieren* aktiviert, wird erst ein Exemplar gedruckt, von 1 bis Ende, und dann das nächste, wiederum von 1 bis Ende usw.

Ist *Sortieren* deaktiviert, werden zuerst alle ersten Seiten, dann alle zweiten Seiten usw. gedruckt.

Weitere Einstellvarianten bieten die beiden Listenfelder *Drucken*: Im ersten kann eingestellt werden, ob das *Dokument* (Standard) oder die *Dokumenteigenschaften, Kommentare, Formatvorlagen, AutoText-*

Einträge oder Tastenbelegungen ausgedruckt werden sollen.

Abb. 51

Im Zweiten legen Sie fest, ob *Alle Seiten im Bereich* (Standard) oder alle *Geraden* bzw. *Ungeraden Seiten* gedruckt werden.

Abb. 52

Unter der Schaltfläche Optionen… können Sie die Registerkarte **Drucken**, die auch über **Extras – Optionen** erreicht werden kann, für weitere Einstellungen öffnen.

In der ersten Optionsgruppe *Druckoptionen* verbergen sich weitere Druckvarianten. Sie legen z. B. fest, dass ein *Konzeptausdruck* erfolgen soll. Damit sparen Sie Zeit, Tinte oder Toner und auf weißem Papier gedruckt, ist die Druckqualität zum Korrekturlesen ausreichend.

Die *Umgekehrte Druckreihenfolge* spart Arbeit: Der Ausdruck beginnt mit der letzten Seite – das fertige Manuskript kann anschließend aus dem Drucker genommen werden; Sie brauchen die Blätter nicht erst umsortieren.

Felder und *Verknüpfungen aktualisieren* ist dann interessant, wenn Grafiken und andere im Dokument enthaltene Objekte geändert oder bearbeitet wurden.

Drucken im Hintergrund ist standardmäßig angekreuzt. Es erlaubt Ihnen, während des Ausdruckens gleichzeitig weiter in Word zu arbeiten.

PostScript über Text drucken braucht man für die Übernahme von Dokumenten aus Word in den Macintosh. Druckereien, die für den digitalisierten Druck Dateien und nicht mehr Druckvorlagen erwarten, schreiben oft PostScript vor. Lassen Sie sich von Ihrer Druckerei bera-

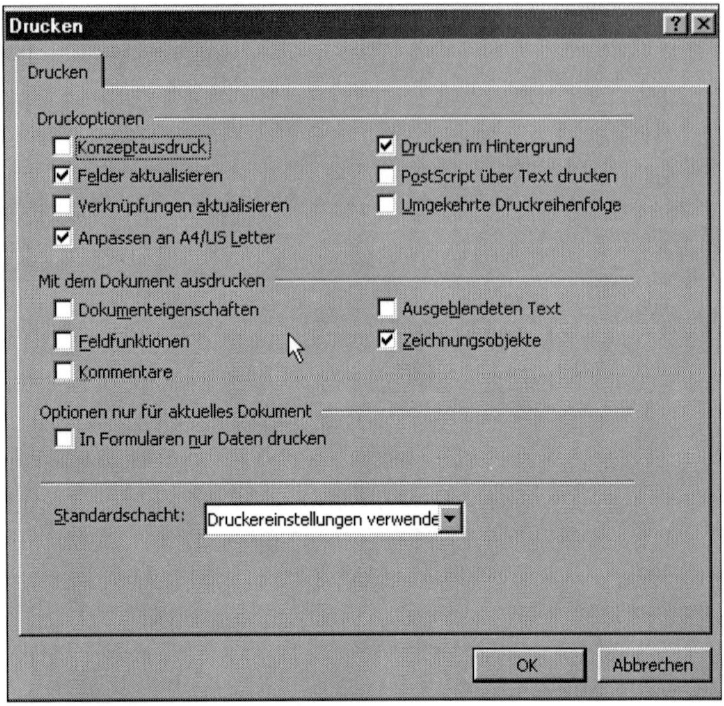

Abb. 53: Hier geht es um rationelles Drucken

ten, welches Dateiformat gewünscht wird (siehe auch Kapitel *Seitengestaltung* und *So bereitet man ein Dokument für den Druck vor*).

Wenn Word-Dokumente übernommen werden, die auf das amerikanische US Letter-Format ausgerichtet sind, muß *Anpassen auf A4/US Letter* aktiviert sein.

Mit dem Dokument ausdrucken können Sie manches Detail, das eigentlich nicht zum Text gehört, z. B.: *Dokumenteigenschaften, Feldfunktionen, Kommentare, Ausgeblendeten Text* und *Zeichnungsobjekte.* Da dies verunstaltete Dokumente hervorbringt, ist es besser, diese Details separat zum Dokument auszudrucken.

Die letzte Option *In Formularen nur Daten drucken* spricht für sich und überlassen wir dem Steuerberater.

4. *Word für Fortgeschrittene*

4.1 Manuskriptgestaltung

Geben Sie Ihrem Manuskript ein Gesicht, wenn Sie es anbieten, damit der Lektor als erster Leser im Verlag es leicht hat.

Aber vermeiden Sie ein extravagantes Design, wenn es sich nicht gerade um ein Werk handelt, dessen wesentlicher Bestandteil seine Gestaltung ist.

Wählen Sie für Ihr Manuskript keine zu ausgefallene Schrifttype – der Inhalt soll überzeugen. Beherzigen Sie die wichtigste Regel: Ihr Text soll gut lesbar sein.

Zu den üblichen Verlagsanforderungen gehören:

- Das Manuskript nur einseitig beschreiben,
- auf weißem DIN A4-Papier,
- 60 Anschläge pro Zeile,
- 30 Zeilen pro Seite, das ergibt
- maximal 1800 Anschläge pro Seite
- eineinhalb bis zweizeiliger Zeilenabstand.
- Das Manuskript sollte paginiert sein,
- wenigstens am Anfang und Ende Ihre Anschrift tragen
- und geheftet oder (vom Copyshop) schlicht gebunden sein.

Der Zeilenabstand ist wichtig, damit Korrekturen Platz haben. Die Vorgaben für Zeichen pro Zeile und Seite ermöglichen dem Lektor, den Umfang des Buches schnell zu berechnen, wenn Sie nicht ohnehin eine Zeichenzählung von Word beifügen.

Für Manuskripte wird häufig eine Schreibmaschinenschrift, beispielsweise Courier New, in der Größe 11 oder 12 Punkt verwendet.

Hier der Weg zu einem lektorenfreundlichen Manuskript:

Wählen Sie **Datei – Seite einrichten** und aktivieren Sie – wenn nicht schon automatisch im Vordergrund – die Registerkarte **Seitenränder.**

Die Randeinstellungen sind für *Oben*: und *Unten*: je 2 cm, für *Links*: 3 cm und für *Rechts*: 2,5 cm.

Kopfzeile: und Fußzeile: kann auf die Vorgabe 1,25 cm belassen werden. Die etwas größere linke Randeinstellung schafft bessere Voraussetzungen für das Abheften des Manuskripts.

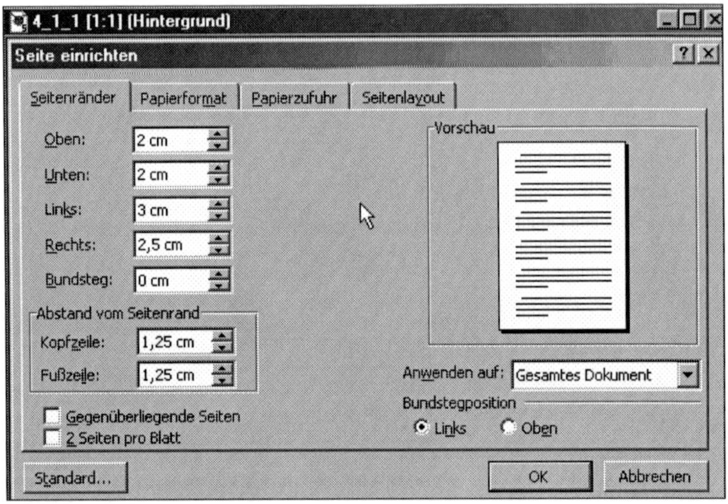

Abb. 54: Einstellungen für eine Manuskriptseite ...

Auf den Registerkarten **Papierformat** und **Papierzufuhr** sollten Sie für das Manuskript möglichst nichts ändern. Das Papierformat ist DIN A4 und die Papierzufuhr wird erst beim Ausdruck festgelegt und hat mit der Manuskriptgestaltung nichts zu tun.

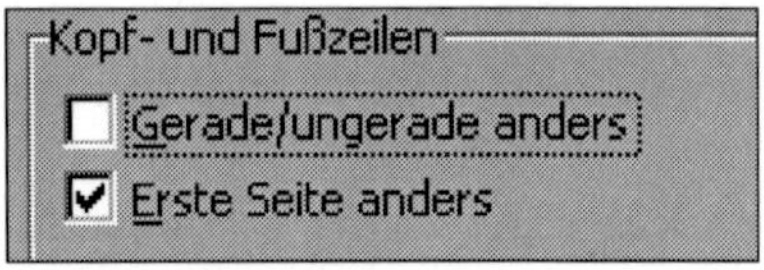

Abb. 55: Manuskriptausdruck

Auf der Registerkarte **Seitenlayout** ist eine Einstellung wichtig: In der Optionsgruppe *Kopf- und Fußzeilen* sollte die Option Gerade/ ungerade anders auf keinen Fall aktiviert sein (denken Sie daran: Manuskripte werden einseitig beschrieben!). Die zweite Option *Erste Seite anders* bekommt ein Häkchen, weil Sie ein Deckblatt für das Manuskript verwenden, das bei der Seitenzählung nicht berücksichtigt wird.

Für das Seitennummerieren wählen Sie aus dem Menü **Ansicht** die Option **Kopf- und Fußzeile**.

Anschließend schalten Sie über die Schaltfläche  **Zwischen Kopf- und Fußzeile wechseln** in die Kopf- oder Fußzeile um. Der Cursor steht im markierten Zeilenbereich ganz links. Um die Seitenzahl in die Mitte zu bekommen, drücken Sie einmal die Tab-Taste. Um die Seitenzahl ganz rechts einzufügen, drücken Sie die Tab-Taste noch einmal.

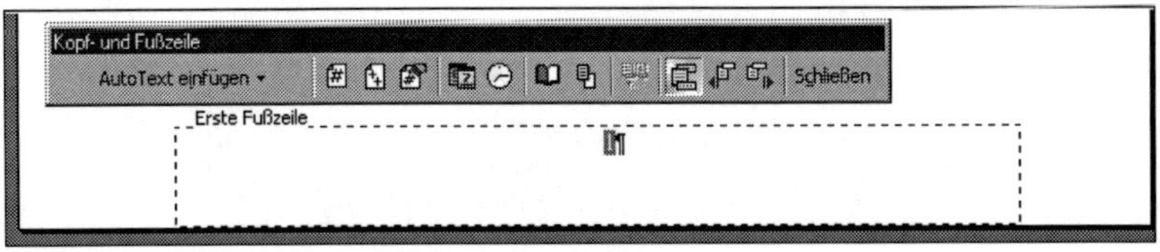

Abb. 56: ... sehen immer auch eine Seitenzählung vor

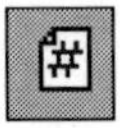 Um die Seitenzahl einzufügen, klicken Sie einmal auf die entsprechende Schaltfläche. Sie können anschließend diese Seitenzahl direkt formatieren (markieren und die Symbolleiste benutzen) oder über eine Schaltfläche in der speziellen Symbolleiste für Kopf- und Fußzeilen bearbeiten. Die Schriftgröße passen Sie am besten der im Manuskript an.

Die letzten Einstellungen betreffen die Absätze. Markieren Sie das Absatzendezeichen im leeren Manuskript. Wählen Sie aus dem Menü **Format** die Option *Absatz*. Auf der Registerkarte *Einzüge und Abstände* wählen Sie aus der Liste Zeilenabstand *1,5fach* oder *Doppelt* aus. Alle anderen Einstellungen bleiben, wie sie sind. Linksbündige Ausrichtung ist in einem Manuskript üblich.

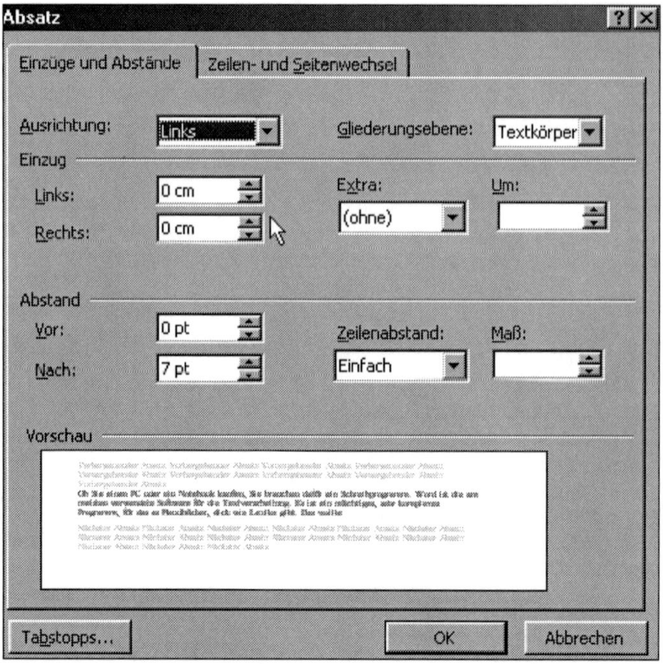

Abb. 57: Zeilenabstand in Manuskripten

> *Tipp*: Eine sinnvolle Ergänzung kann die Angabe des Namens und evtl. des Titels in der Kopfzeile sein. Verwenden Sie die Fußzeile nur für die Paginierung.

Manuskript ist nicht gleich Manuskript, werden Sie sagen – und haben recht. Die vorgeschlagenen Einstellungen sind aber so für kürzere und längere Manuskripte immer zu gebrauchen, für spezielle Zwecke kann man sie noch anpassen. Halten Sie diese Mindestvorgaben möglichst ein. Selbst bei einem kurzen Manuskript mit nur wenigen Seiten, z. B. bei einer Kurzgeschichte, sollten Sie nicht auf Seitenzahlen und Autorenname verzichten.

4.2 Drehbuchgestaltung

Drehbuchmanuskripte können sehr verschieden aussehen, von ganz einfachen Textseiten bis zu kompliziert strukturierten Seiten mit Regie- und Kameraanweisungen. Grundlage für die äußere Gestaltung von Drehbuchtexten ist die zuvor beschriebene Manuskriptgestaltung. Fachautor Syd Field erklärt zum Thema Drehbuchgestaltung:

»Die Seiten sind übersichtlich, die beschreibenden Passagen sind kurz und bündig ...« (*Das Handbuch zum Drehbuch*, 1992 im Zweitausendeins Verlag).

»Die Form des Drehbuchs ist einfach, so einfach, daß die meisten versuchen, sie zu verkomplizieren« (Syd Field, Peter Märthesheimer, Wolfgang Längsfeld: *Drehbuchschreiben für Fernsehen und Film*, List Verlag, Seite 98).

Folgende Regeln für ein Drehbuch erweitern die bereits definierte Manuskriptgrundlage, die Ziffern beziehen sich auf das Beispiel.

- Zweizeiliger Abstand zwischen allen Elementen (z.B. zwischen 1 und 2).
- Absätze sind einzeilig zu schreiben (z.B. in 2).
- Ortsangaben, Geräusche, Musikeffekte groß schreiben (z.B. in 1 und 4).
- Personen werden groß geschrieben, zumindest, wenn sie das erste Mal vorkommen (z.B. in 4 und 5) und zentriert, wenn sie sprechen (z.B. in 6).
- Regieanweisungen für Schauspieler kommen in Klammern unter den Namen der Figur in einfachem Abstand (z.B. in 7).
- Dialog wird eingerückt, kann aber auch zentriert werden (z.B. in 8 und 9).
- Am Ende einer Szene steht SCHNITT AUF oder BLENDE AUF.

Aus diesen Regeln atmet noch die Schreibmaschine. Der Wechsel z.B. von einzeiligem zu zweizeiligem Abstand ist mit der Schreibmaschine kein Problem. Einmal oder zweimal Hebel oder Tasten benutzen – das war Routine. Bei Word geht das mit der ↵-Eingabe-Taste ebenfalls – allerdings ist dann das spätere Formatieren problematisch. Sie erinnern sich: In jedem Absatzendezeichen steckt ein eigener Absatz.

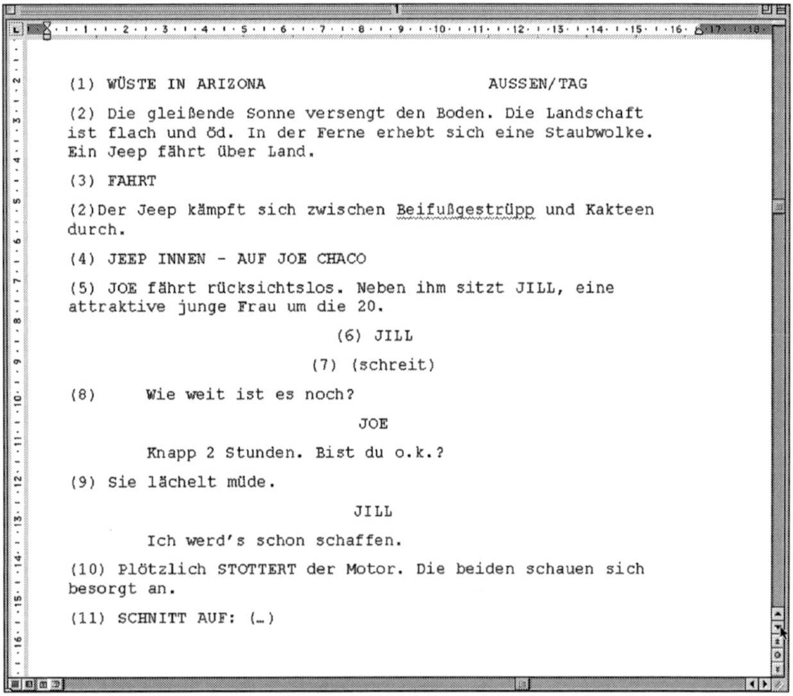

(1) WÜSTE IN ARIZONA AUSSEN/TAG

(2) Die gleißende Sonne versengt den Boden. Die Landschaft ist flach und öd. In der Ferne erhebt sich eine Staubwolke. Ein Jeep fährt über Land.

(3) FAHRT

(2)Der Jeep kämpft sich zwischen Beifußgestrüpp und Kakteen durch.

(4) JEEP INNEN - AUF JOE CHACO

(5) JOE fährt rücksichtslos. Neben ihm sitzt JILL, eine attraktive junge Frau um die 20.

(6) JILL

(7) (schreit)

(8) Wie weit ist es noch?

JOE

Knapp 2 Stunden. Bist du o.k.?

(9) Sie lächelt müde.

JILL

Ich werd's schon schaffen.

(10) Plötzlich STOTTERT der Motor. Die beiden schauen sich besorgt an.

(11) SCHNITT AUF: (…)

Abb. 58: Drehbuch formatieren

Oben ein Beispiel für eine Drehbuchszene (zitiert aus *Drehbuchschreiben für Fernsehen und Film*, List Verlag, S. 100 ff.). Die Zahlen in Klammern dienen nur den Hinweisen auf die Regeln. Sie sind *nicht* Bestandteil des Drehbuchs.

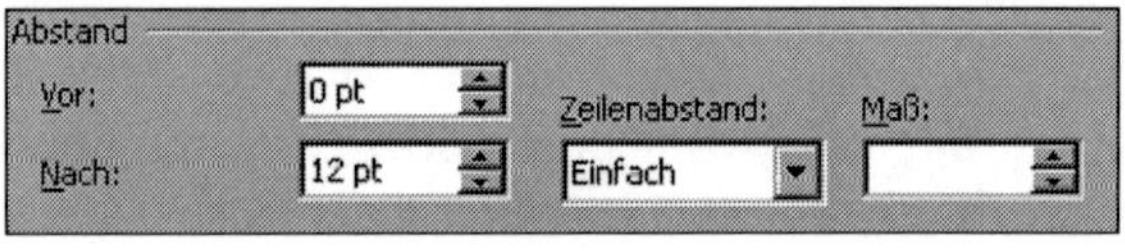

Abb. 59: Der Abstand danach!

Beim Absatz legen Sie nicht zweizeiligen Abstand fest, sondern den normalen einzeiligen. Unter *Abstand* stellen Sie bei *Nach*: die Schriftgröße ein. Das sorgt jedesmal bei einer Zeilenschaltung (Absatzende) für einen weiteren Abstand. Innerhalb des normalen Absatzes gilt der einzeilige Abstand.

Drehbücher können Sie auch im Buchhandel bekommen – meist allerdings in »bereinigten und lesbaren« Fassungen. Mehr Erfolg haben Sie, wenn Sie etwas im Internet stöbern. Tragen Sie in einer Suchmaschine (z. B. Fireball oder Yahoo) Drehbuch und/oder Treatment ein und sie stoßen bestimmt auf ein paar Beispiele, die sie studieren können.

Es gibt inzwischen einige Zusatzprogramme (sogenannte Add-Ins) für Word, die gerade das Drehbuchschreiben erleichtern. Eines davon

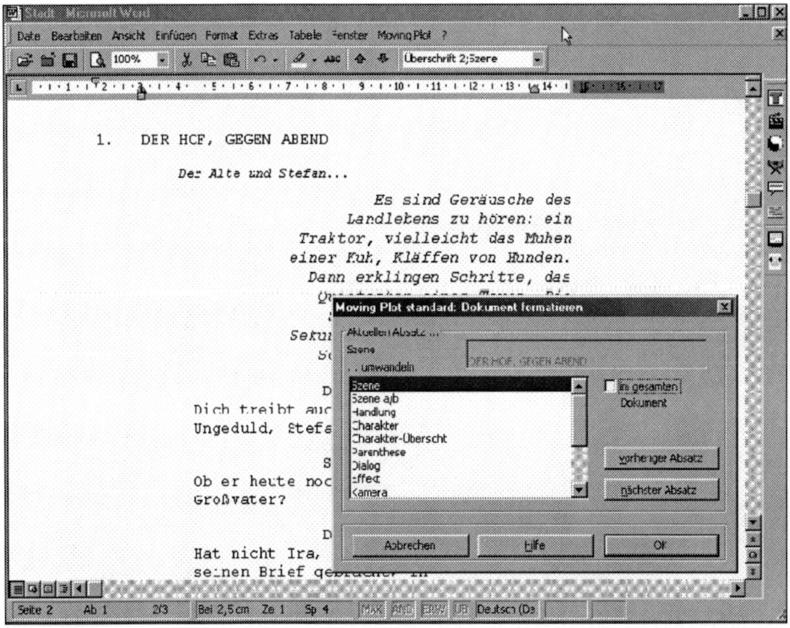

Abb. 60: Moving Plot erleichtert das Erstellen von Drehbüchern, Theaterstücken, Hörspielen etc.

ist Moving-Plot, das zum Kennenlernen bereits aus dem Internet heruntergeladen werden kann und das in verschiedenen Fassungen für die unterschiedlichen Word-Versionen (beginnend ab knapp 20 Euro) zu haben ist. Diese Zusatzeinrichtung für Word dient vor allem der kreativen Drehbuchgestaltung. Es ist eine Dokumentvorlage mit zahlreichen Makros, sodass sie bei anderen Textarbeiten stört.

Die preiswerte Standardfassung von Moving Plot ist vor allem ungeübten Autoren und Word-Anwendern zu empfehlen. Man verliert nicht gleich die Übersicht angesichts der zahlreichen Möglichkeiten und die wesentlichen Funktionen für die eigentliche Textarbeit sind alle bereits in der Standardversion enthalten. Inzwischen gibt es erfreulicherweise auch eine Version für den Apple Macintosh.

Nach kurzer Einarbeitung in diese Word-Erweiterung wird der

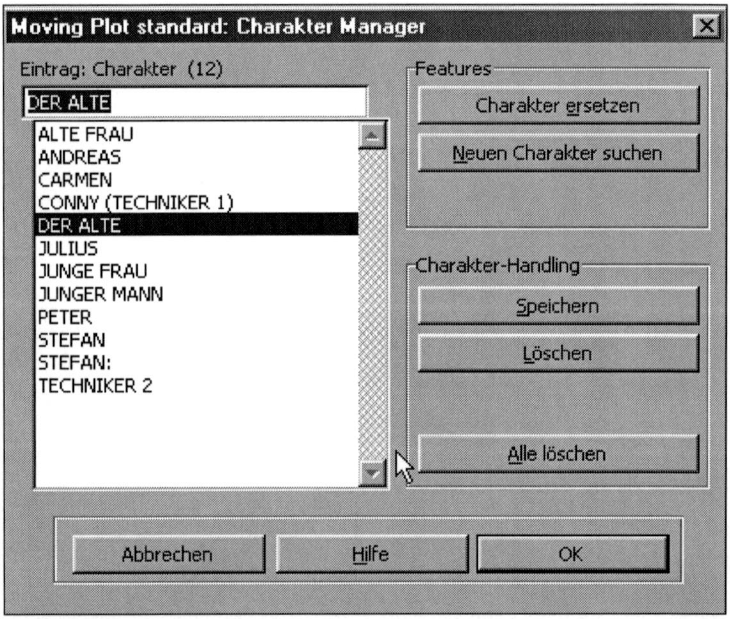

Abb. 61: Die Makros von Moving Plot erleichtern die Übersicht über die Elemente eines Textes (Charaktere, Szenen etc.)

Effekt schon deutlich: Kreativität wird frei für die Arbeit am eigentlichen Text. Wer lieber drauflos schreibt, kann das auch mit Moving Plot tun, sobald er die Systematik einmal verstanden hat, und da die wichtigsten Funktionen über so genannte Hotkeys (Tastenkombinationen, die eine Funktion aufrufen) erreicht werden können, müssen sich die Finger bei Schreibwütigen überhaupt nicht von der Tastatur entfernen.

Die Manuskriptgestaltung beim Hörspiel kann von der Drehbuchgestaltung abgeleitet werden. Statt der Beschreibung optischer Details tritt selbstverständlich die Beschreibung der Geräusche in den Vordergrund.

4.3 AutoText, AutoKorrektur, Makros und VBA

Mit AutoText können wiederkehrende Texte über ein Kürzel oder einen Menüeintrag schnell in den Text eingefügt werden. Word hat für Briefschreiber gleich eine Reihe solcher Textbausteine im Vorrat.

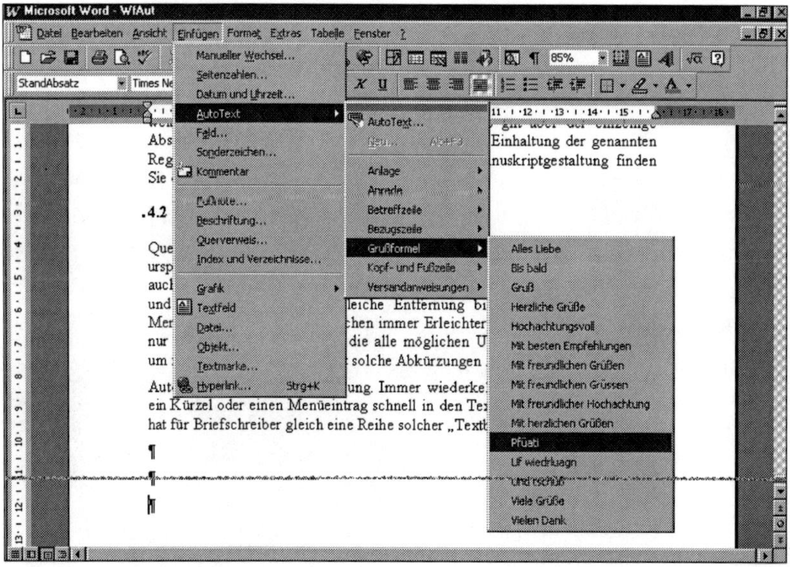

Abb. 62: Vorgefertigte Textbausteine

Wählen Sie dazu aus dem Menü **Einfügen – AutoText** eine Kategorie (z.B. **Grußformel**) und aus dieser Kategorie einen Textbaustein (z.B. **Mit besten Empfehlungen**). Dieser erscheint dann anschließend im Text an der Cursorposition.

Tipp: AutoText gibt es auch in Word 6.0 und 7.0; allerdings ist es an manchen Stellen seit Word 97 verändert. Benutzer älterer Versionen sollten deshalb die beschriebenen Anleitungen erst ausprobieren. Sie finden AutoText in Word 7.0 nicht im Menü **Einfügen** (wie in Word 97/2000), sondern im Menü **Bearbeiten**.

Schnellschreiber sagen vielleicht, sie könnten schneller selber schreiben, als umständlich Texte aus dem Menü zu wählen. Aber mit AutoText lassen sich beispielsweise komplizierte oder ungewohnte fremdsprachige Eigennamen, Fachausdrücke, Formeln und ganze Sätze schnell durch ein Kürzel einfügen. Nehmen wir an, Sie schreiben einen Roman, in dem der Held häufig sagt: »Gestatten Sie, dass ich Ihnen meinen geschätzten Freund und Assistenten Dr. Watson vorstelle?«. Wollen Sie das immer wieder eintippen? Nein – Sie schreiben es einmal, markieren es und rufen dann *Einfügen – AutoText – Neu* oder schneller Alt + F3 auf.

Im Dialog *AutoText erstellen* vergeben Sie ein Kürzel, beispielsweise *Wat* für diesen Text und klicken anschließend auf **OK**. Jetzt steht Ihnen dieser Text zur Verfügung. Wenn Sie das Kürzel eintippen, wird er aber nicht sofort geschrieben, sondern erst nach Bestätigung durch die ↵-(Eingabe) Taste.

Abb. 63: AutoText schreibt

Hat es nicht funktioniert? Dann müssen Sie evtl. eine kleine Anpassung vornehmen. Wählen Sie **Einfügen – AutoText – AutoText...** und aktivieren Sie das Kontrollkästchen vor *Rest des Wortes oder Datums während der Eingabe als Tipp vorschlagen.*

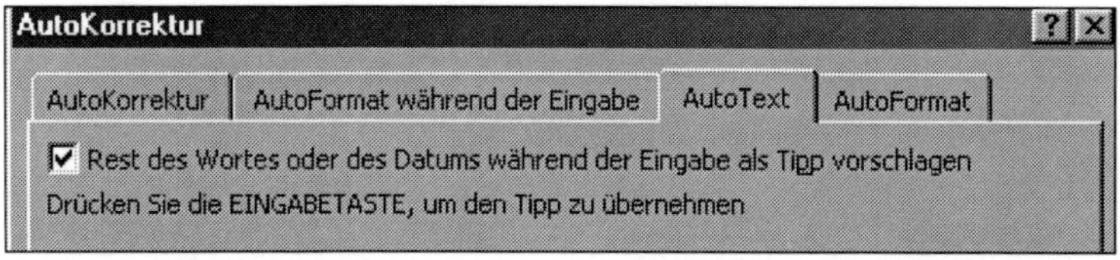

Abb. 64: Nur mit diesem Häkchen werden AutoTexte wirksam!

> *Tipp:* Wollen Sie immer schnell auf die vorhandenen Textbausteine zugreifen, wählen Sie **AutoText – AutoText ...** und klicken auf die Schaltfläche **Symbolleiste**. Die Schaltflächen stehen anschließend in der Word-Symbolleiste zur Verfügung.

Wenn Sie einen AutoText verändern möchten, fügen Sie ihn im Word-Dokument ein, bearbeiten ihn und wählen anschließend erneut **AutoText** an. Speichern Sie dann den veränderten Textbaustein unter dem gleichen Kürzel, das Sie dem ursprünglichen gegeben hatten.

Um einen Textbaustein zu löschen, wählen Sie **Einfügen – AutoText – AutoText...**, markieren den gesuchten Baustein in der Liste und klicken auf die Schaltfläche **Löschen**.

Arbeiten Sie an Ihren Manuskripten wie der Steinmetz am Marmorblock? Streichen, kürzen, löschen, bis die reine Form sichtbar wird? Manchmal würde man aber den einen oder anderen Splitter vielleicht wieder verwenden ... Wenn Sie dann keine Versionskontrolle über Ihren Text haben, bleibt nur ein gutes Gedächtnis – oder eine ältere Datensicherung. AutoText bietet für solche Fälle eine sinnvolle Einrichtung: Markieren und löschen Sie den Text über die Tastenkombination Strg + F3. AutoText fügt den gelöschten Abschnitt in eine

Textbausteinsammlung ein. Weitere Löschungen werden mit Strg + F3 hinten angehängt. Wenn Sie später eine gelöschte Textstelle wieder verwenden möchten, fügen Sie die ganze Sammlung in ein leeres Dokument ein und suchen den gewünschten Abschnitt heraus.

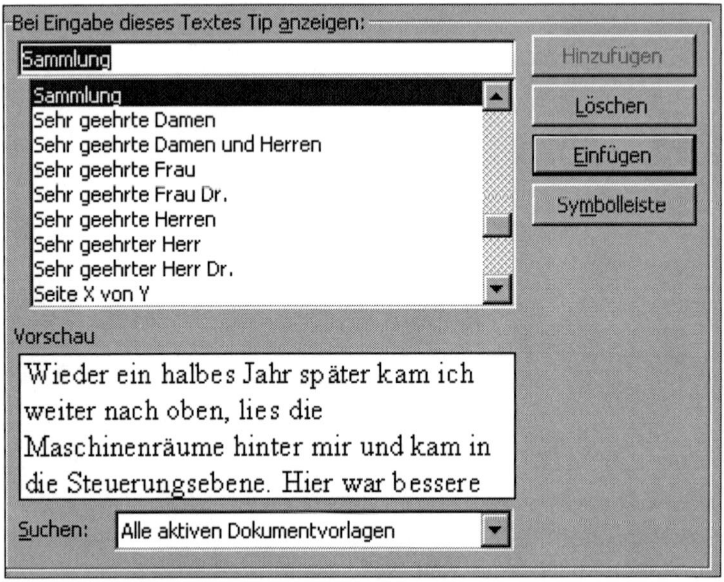

Abb. 65: Word liefert über AutoText eine Sammlung für gekürzte Texte

Brauchen Sie die Textsplitter nicht mehr, fügen Sie die Sammlung über die Tastenkombination Umschalt + Strg + F3 in ein leeres Textdokument ein. Danach ist die Sammlung wieder leer.

AutoKorrektur

Eine weitere Schreibhilfe für Autoren bietet die automatische Korrektur während des Schreibens: Rufen Sie unter dem Menü Extras die AutoKorrektur auf. In der Liste können Sie eine ganze Reihe typischer Tippfehler sehen. Und da jeder seine eigenen Vertipper hat, fügen Sie Ihre hinzu, beispielsweise *engelsiche* in das Ersetzen-Kästchen und *englische* daneben. Word korrigiert Ihren Fehler dann automatisch beim Schreiben. Sie können das fehlerhafte Wort auch markieren, rufen AutoKorrektur auf und schon steht es im Kästchen. Sie schreiben das richtige Wort daneben, klicken auf *Hinzufügen* und die AutoKorrektur ist ergänzt.

Makros

Mit AutoText (unter *Einfügen*) und AutoKorrektur (unter *Extras*) haben Sie zwei starke Hilfen für rationelles Schreiben; Makro ist das dritte Instrument für Schnellschreiber.

Angenommen, Sie benötigen in Ihrem Text über Internationales Copyright immer wieder das Sonderzeichen ©. Der Weg ist klar: Menü **Einfügen**, Option **Sonderzeichen** wählen, das ©-Zeichen anklicken, dann auf **Einfügen** und **Schließen** klicken. Fertig! Kein Problem, wenn Sie es drei- oder viermal benötigen. Was aber, wenn Sie das Zeichen 173mal auf diese umständliche Weise in Ihr Manuskript einfügen sollen?

Erstellen Sie ein Makro dafür. Das ist eine Aufzeichnung von Befehlen, die in einer bestimmten Reihenfolge immer wieder benötigt werden. Es ist ein kleines Programm in Word, das eine Befehlsfolge bei Bedarf für Sie ausführt. Gehen Sie folgendermaßen vor:

- Wählen Sie **Extras – Makro – Aufzeichnen…**
- Geben Sie als Name beispielsweise *Copyright* ein.
- Klicken Sie auf **Tastatur**.
- Drücken Sie die Tasten Alt + C.
- Klicken Sie auf **Zuordnen** und dann auf **Schließen** (am Cursor hängt jetzt eine Kassette).
- Wählen Sie nun **Einfügen – Sonderzeichen**.
- Klicken Sie das Sonderzeichen für Copyright © an.
- Klicken Sie auf **Einfügen** und **Schließen**.
- Beenden Sie die Aufzeichnung durch ein Klick auf die Schaltfläche mit dem Rechteck.

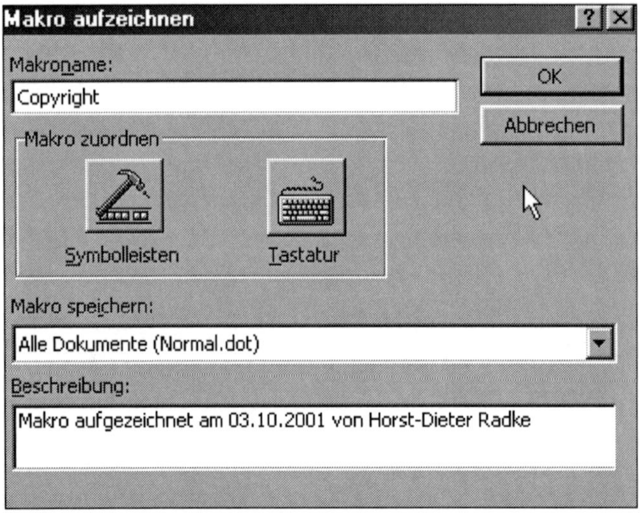

Abb. 66: Ein Makro ist schnell aufgezeichnet

Ihr Makro ist fertig. Wenn Sie jetzt die Tastenkombination Alt + C drücken, erscheint das Copyrightzeichen an der Cursorposition.

VBA

Wenn Sie sich intensiver mit Makros auseinander setzen, werden Sie zum einen sehr schnell erkennen, welches Rationalisierungspotential darin steckt und zum anderen auch schnell an Grenzen stoßen. Das größte Problem liegt darin, den Überblick über eine Vielzahl von Makros zu behalten. Und jedes Mal ein bestimmtes Makro aus umfangreichen Menüs auszusuchen, ist auch keine große Erleichterung.

Abhilfe schafft hier die Programmierung mit VBA. Dabei handelt es sich um eine in Word integrierte Programmiersprache: Visual Basic for Application. Nun ist es nicht jedermanns Sache, sich in die Programmierung einzuarbeiten. Wer das von Haus aus kann, ist gut bedient, denn er kann sich sein Word so einrichten, dass die Organisation der Schreibarbeit reduziert wird, mehr Zeit zum Nachdenken, Formulieren und Überarbeiten bleibt.

Für die meisten Autoren gibt es jedoch andere Möglichkeiten:

- Sprechen Sie mit Ihrem Verlag. Viele Verlage bieten für die Manuskriptarbeit bereits Dokumentvorlagen mit integrierten Makros an. Manche machen die Arbeit damit sogar schon zur Bedingung.
- Schauen Sie sich im Internet um. Sie werden überrascht sein, was es da schon alles an Word-Ergänzungen gibt. Der Haken an der Geschichte ist, dass das meiste aus Amerika kommt und eine englische Menü- und Benutzerführung hat. Wer damit klarkommt, kann allerdings auf ein gutes Angebot zurückgreifen.
- Vielleicht kennen Sie jemanden, der Programmiererfahrung hat und mit VBA umgehen kann.
- Schauen Sie gelegentlich auf der Internetseite des Autorenhaus-Verlages (www.AutorInnen.de) vorbei. Der Autor dieses Buches wird nach und nach dort Formatvorlagen, eine Makro- und eine VBA-Auswahl zum freien Download zur Verfügung stellen.

4.4 Vorlagen für Formate und Dokumente

Routine ist langweilig. Immer wiederkehrende Texte können Sie von Word automatisch schreiben lassen. Was aber tun, wenn Sie bestimmte Formatierungen häufig verwenden? Die Beschreibung der Manuskript- und Drehbuchgestaltung zeigt, wie hilfreich die programmierte Gestaltung von Texten sein kann. Word enthält einige Formatvorlagen dafür. Darin werden Einstellungen zur

- Zeichenformatierung und zur
- Absatzformatierung

gespeichert, außerdem auch Tabulatoren und Positionsbestimmungen. Es genügt, dem markierten Text eine Formatvorlage zuzuweisen, schon sind die zugehörigen Formatierungen auf den Text übertragen.

Ein leeres Word-Dokument enthält bereits einige Formatvorlagen, die Sie links oben in der Menüleiste aus einer Liste auswählen können. Möchten Sie Ihrem Text eine Formatvorlage zuweisen, berücksichtigen Sie folgendes:

- Formatvorlagen für Zeichen werden entweder dem Wort, in dem der Schreibcursor steht oder dem markierten Text zugewiesen.
- Formatvorlagen für Absätze werden entweder dem Absatz, in dem der Schreibcursor steht oder dem markierten Text zugewiesen.

Klicken Sie auf den Listenpfeil, dann öffnet sich eine Auswahlliste, in der die vorhandenen Formatvorlagen aufgeführt und andeutungsweise dargestellt sind. Zumindest die Zeichenformatierung läßt sich erkennen. Ganz rechts ist außerdem die Ausrichtung des Textes abgebildet, die Schriftgröße und ob es sich um eine Zeichen- oder Absatzformatvorlage handelt.

Abb. 67: Formatvorlagen

Hier handelt es sich um ein Absatzformat (erkennbar am Absatzendezeichen ¶), das im Blocksatz und mit einer Schriftgröße von 14 Punkt formatiert wurde.

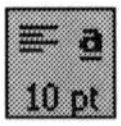

Dies ist ein Zeichenformat (erkennbar am kleinen, unterstrichenen a). Die Ausrichtung ist linksbündig und die Schriftgröße 10 Punkt.

Der einfachste Weg zur eigenen Formatvorlage: Verwandeln Sie einen bereits formatierten Text in eine Formatvorlage, und zwar so:

1. Markieren Sie den Absatz (für eine Absatzformatvorlage) oder das Zeichen (für eine Zeichenformatvorlage).
2. Wählen Sie aus dem Menü **Format** den Eintrag **Formatvorlage...**
3. Klicken Sie auf die Schaltfläche **Neu**.
4. Geben Sie bei *Name*: eine Bezeichnung für die Formatvorlage ein.

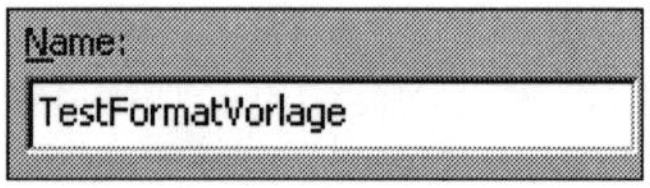

Abb. 68

5. Legen Sie bei *Format-Vorlagentyp*: den Absatz oder das Zeichen fest.
6. Aktivieren Sie das Kontrollkästchen vor *Zur Vorlage hinzufügen*
7. Beenden Sie durch einen Klick auf **OK** (oder **Zuweisen**).

Wenn Sie nun die Liste der Formatvorlagen aufblättern, erkennen Sie, dass die neue Formatvorlage bereits aufgenommen wurde.

Ändern, ergänzen oder neu definieren, läßt sich über einen anderen Weg.

Abb. 69: Neue Formatvorlagen werden sofort der Liste hinzugefügt

Sie gehen wieder in das Menü **Format** und wählen **Formatvorlage...**, klicken auf die Schaltfläche **Neu** und schreiben einen Namen für Ihre Formatvorlage unter *Name*: ein. Anschließend wählen Sie dann aber *nicht* die Schaltfläche **OK**, sondern die Schaltfläche **Format**. Es öffnet sich ein Menü, das Ihnen die Formatierung von **Zeichen...**, **Absatz...**, **Tabulator...**, **Rahmen...**, **Sprache...**, **Positionsrahmen...** und **Nummerierung...** ermöglicht. Hinter diesen Begriffen verbergen sich die schon bekannten Formatdialoge.

Außerdem können Sie bei *Basiert auf*: eine vorhandene Formatvorlage als Grundlage bestimmen. Bei *Formatvorlage für nächsten Absatz* legen Sie fest, welche Formatvorlage für einen Folgeabsatz automatisch gewählt wird. Bei fortlaufendem Text bleibt es bei dieser Formatvorlage. Bei Überschriften ist es aber meist sinnvoller, ein fortlaufendes Textformat einzutragen.

Das Ergebnis der Formatierung können Sie unter *Vorschau* erkennen. Bei *Beschreibung* werden einzelne Formatierungsschritte aufgelistet, so dass Sie eine Kontrolle über das entstehende Format haben.

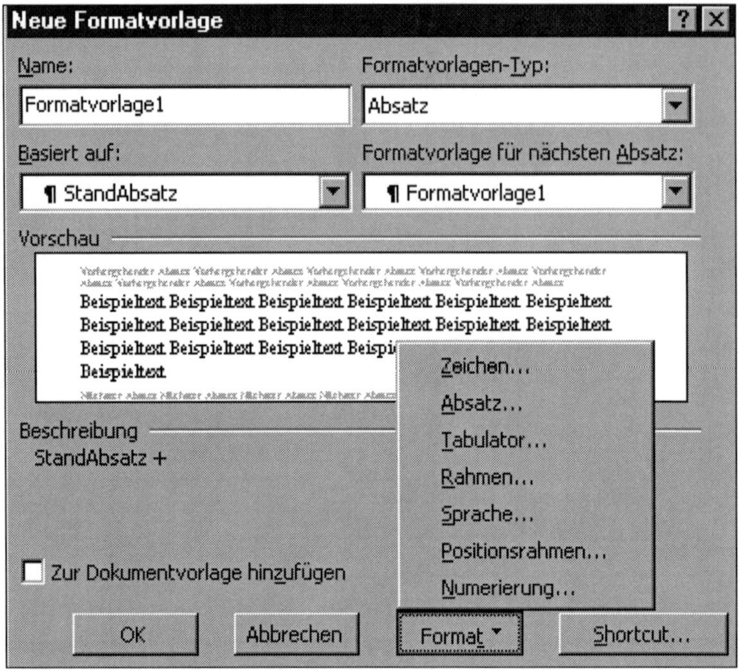

Abb. 70: Eine neue Formatvorlage kann von Grund auf definiert werden

> *Tipp:* Aktivieren Sie zum Schluss das Kontrollkästchen vor *Zur Vorlage hinzufügen* – sonst geht die Formatvorlage verloren!

Eine weitere Systematisierung bieten Dokumentvorlagen. Während sich Formatvorlagen auf Zeichen oder Absätze beziehen, helfen Dokumentvorlagen bei der Vorbereitung ganzer Werke. Mit diesen Vorlagen legen Sie u. a. fest:

- Seiteneinstellungen
- Menüs, Tastenbelegungen, Symbolleistenbelegungen
- Formatvorlagen
- Makros
- AutoText

Dokumentvorlagen werden eine Stufe höher organisiert als Formatvorlagen. Jedesmal, wenn Sie in einem Word-Dokument schreiben wollen, erscheint bereits eine Dokumentvorlage:

Leeres Dokument. Stehen mehrere Dokumentvorlagen zur Verfügung, können sie aus dem Dialogfenster ausgesucht werden. Das gilt nur, wenn Sie über das Menü *Datei – Neu* gehen. Wählen Sie die Schaltfläche *Neu* in der Symbolleiste, stellt Word ein neues, noch leeres Dokument, basierend auf der Standarddokumentvorlage zur Verfügung.

Tipp: Ist ein Dokument unter einem anderen Namen gespeichert, kann man nicht mehr erkennen, durch welche Dokumentvorlage es gestaltet ist. Sehen Sie dazu unter **Datei – Eigenschaften** nach. Ganz unten im Dialog ist unter *Vorlage*: der Name der Dokumentvorlage aufgeführt.

Um eine neue Dokumentvorlage anzulegen, bestimmen Sie in einem leeren Dokument alle Einstellungen, die sie enthalten soll. Als erstes definieren Sie die Seiteneinstellungen (**Datei – Seite einrichten...**). Dann markieren Sie das Absatzendezeichen im Dokument und legen Schrift und Schriftgröße – noch besser eine Formatvorlage für die Standardabsätze – fest. Dann gehen Sie über **Extras – Optionen** in die Festlegung der Dokumenteigenschaften. Abschließend wählen Sie **Datei – Speichern unter...** und geben einen *Dateinamen*: für diese Dokumentvorlage an. Bevor Sie aber auf die Schaltfläche *Speichern* klicken, sollten Sie den *Dateityp:* Dokumentvorlage auswählen.

Autoren, die mit Word schreiben, sollten sich zur Standard-Druckformatvorlage *Normal* eine *Manuskript*-Druckformatvorlage (siehe Kapitel 4.1) einrichten. In diese Vorlage können Sie Texte hineinschreiben, deren Formatierung danach in jeder Weise angepasst werden kann. Auf dieser Manuskriptgrundlage entwickeln Sie möglicherweise später speziellere Druckformatvorlagen oder es kommen vorbereitete Formatvorlagen von Verlagen hinzu.

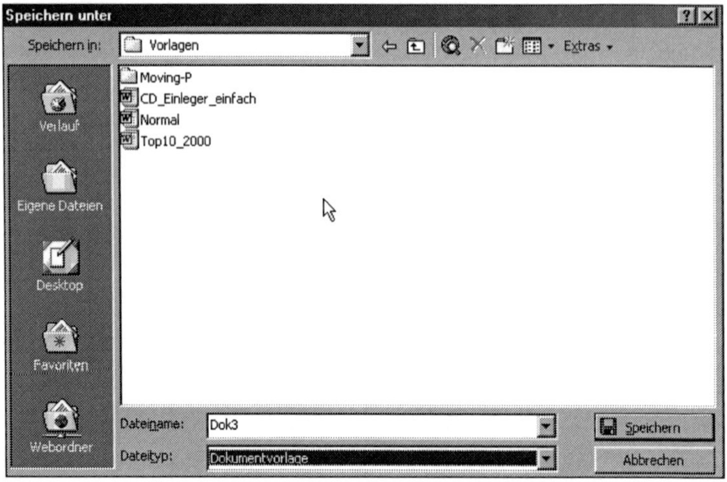

Abb. 71: Alle Druckformatvorlagen stehen im Vorlagen-Verzeichnis

Tipp: Legen Sie eine Diskette mit allen Druckformatvorlagen an und aktualisieren Sie sie in regelmäßigen Abständen, um neue Vorlagen und Änderungen aufzunehmen.

4.5 Illustration: Abbildungen und Grafiken im Text

Autoren können mit Word nicht nur schreiben, sondern auch illustrieren. Um Bilder in ein Dokument einzufügen, müssen sie als Dateien in einem gängigen Grafikformat vorliegen.

Sie können auf verschiedene Weisen vorgehen:

- Mit der ClipArt-Galerie können Zeichnungen und Grafikobjekte in Texte integriert werden (über **Einfügen – Grafik – ClipArt**).
- Grafiken können direkt eingefügt (über **Einfügen – Grafik – Aus Datei**)
  oder

- als Objekt eingefügt (über **Einfügen – Objekt – Aus Datei erstellen – Durchsuchen**) oder
- über eine andere Anwendung aus Word heraus neu erstellt werden (über **Einfügen – Objekt – Neu erstellen** – *Objekttyp* auswählen), aber auch
- über einen Scanner in Word eingelesen werden (über **Einfügen – Grafik – Von Scanner oder Kamera...**)
- und über Positionsrahmen in den Text integriert werden.

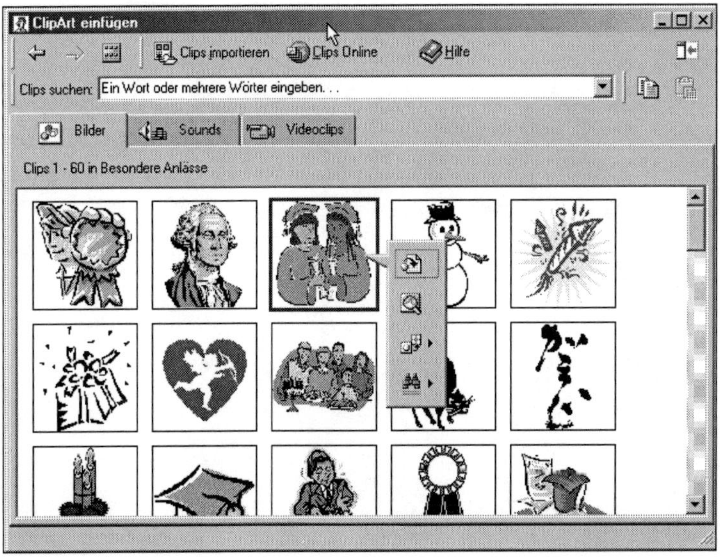

Abb. 72: Microsofts ClipArt Gallery

Über **Einfügen – Grafik – ClipArt** starten Sie und wählen eine *Kategorie*, suchen ein Bild aus, das Sie durch Anklicken markieren. Dann klicken Sie auf **Einfügen** – schon ist es im Dokument integriert. Nun können Sie es bearbeiten, z.B. die Größe verändern oder die Position durch Verschieben neu festlegen.

Es lassen sich auch neue Illustrationen in die *Art Gallery* hinzufügen.

Klicken Sie mit der rechten Maustaste auf das Grafikobjekt und öffnen das Kontextmenü. Wählen Sie die Option **Grafik formatieren**, um im gewohnten Dialog über mehrere Registerkarten Einstellungen festzulegen. Wenn Sie über die Option **Grafiksymbolleiste anzeigen** diese einblenden, geht es schneller.

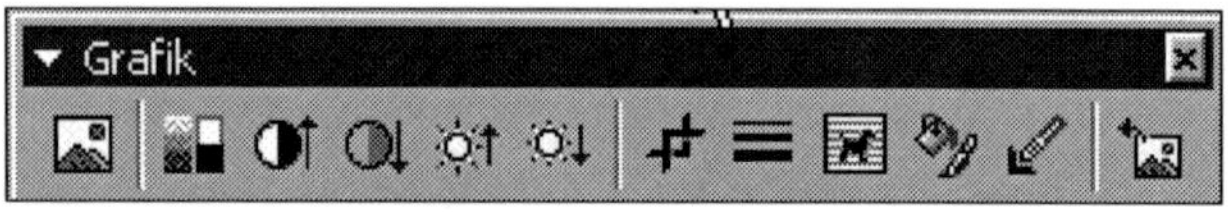

Abb. 73: Symbolleiste Grafik

Auf der Symbolleiste Grafik wählen Sie die Schaltfläche **Textfluß** und anschließend *Rechteck*. Sofort fließt der Text um die Grafik herum. Der Textfluß *Rechteck* eignet sich für rechteckige Grafikobjekte. Textfluß *Kontur* oder *Transparent* sind für Grafiken geeignet, die keine rechteckige Form haben. *Ohne* läßt den Text durch die Grafik laufen. *Oben und Unten* ordnet den Text nur ober- und unterhalb der Grafik an.

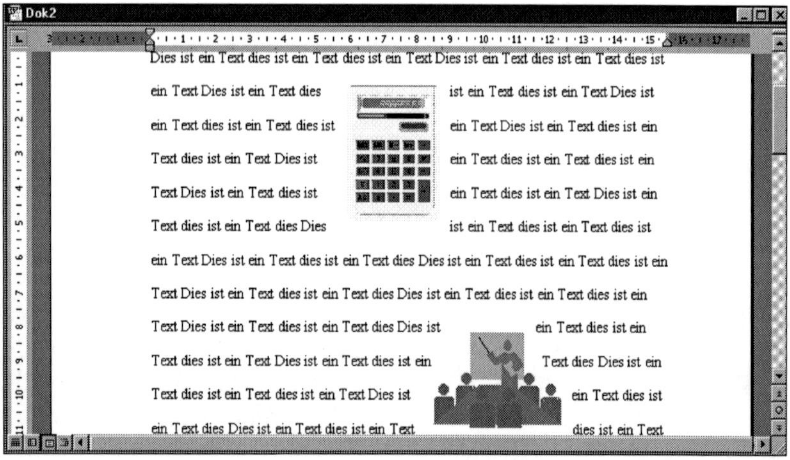

Abb. 74: Grafiken mit Textfluß »Rechteckig« und »Kontur«

Ab Word 97 können Sie Grafiken mit Text umgeben, ohne sie in einen Positionsrahmen einzufügen: Textrahmen sind ebenfalls sogenannte Containerobjekte (d.h. Objekte, die andere Objekte aufnehmen). Man kann mit Textrahmen noch flexibler arbeiten, als mit Positionsrahmen. Allerdings ist der Umgang mit Positionsrahmen einfacher und bietet Vorteile. Sie müssen aber Detektiv spielen, denn Microsoft hat sie ab Word 97 gut versteckt.

1. Klicken Sie mit der rechten Maustaste auf einen freien Bereich einer Symbolleiste.
2. Wählen Sie aus dem Kontextmenü die Option **Anpassen**
3. Markieren Sie die Kategorie **Einfügen** im Register *Befehle*
4. Suchen Sie den Befehl **Horizontal**
5. Klicken Sie auf das Symbol, halten Sie die linke Maustaste gedrückt und ziehen Sie dies Symbol in eine der Symbolleisten an eine passende Stelle.
6. Lassen Sie die Maustaste los.

Abb. 75: Hinter* Horizontal *ist der Positionsrahmen versteckt

Jetzt steht der Positionsrahmen zur Verfügung. Um ihn zu verwenden, klicken Sie auf die Schaltfläche. Der Cursor verwandelt sich in ein Kreuz. Ziehen Sie damit einen beliebig großen Rahmen im Text auf.

Es ist unwichtig, wie groß der Rahmen ist, Sie können ihn jederzeit verändern.

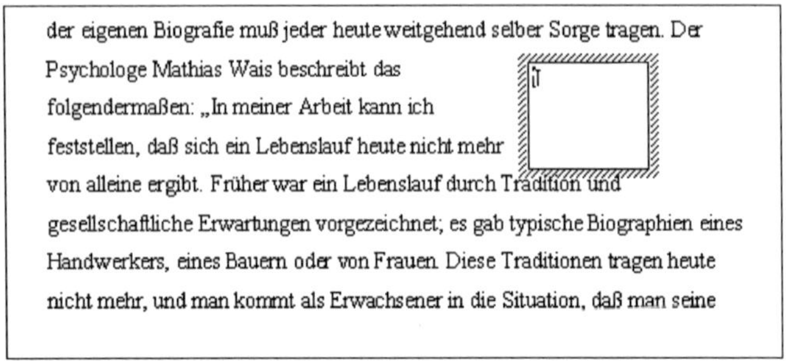
der eigenen Biografie muß jeder heute weitgehend selber Sorge tragen. Der Psychologe Mathias Wais beschreibt das folgendermaßen: „In meiner Arbeit kann ich feststellen, daß sich ein Lebenslauf heute nicht mehr von alleine ergibt. Früher war ein Lebenslauf durch Tradition und gesellschaftliche Erwartungen vorgezeichnet; es gab typische Biographien eines Handwerkers, eines Bauern oder von Frauen. Diese Traditionen tragen heute nicht mehr, und man kommt als Erwachsener in die Situation, daß man seine

Abb. 76: Ein Positionsrahmen wurde in den Text eingefügt

Der Positionsrahmen enthält ein Absatzendezeichen, in das Sie hineinschreiben können. Für den Einsatz als Grafikcontainer laden Sie über **Einfügen – Grafik – Aus Datei…** eine Grafik hinein.

4.6 Gliederungen

Beim Schreiben mit Word ist Ihnen vielleicht aufgefallen, dass es an manchen Stellen überraschend reagiert. Geben Sie beispielsweise einen Gliederungspunkt ein und danach einen Text (z.B. *1. Überschrift*) und drücken anschließend die ↵-(Eingabe)-Taste, dann formatiert Word diese Zeile und schreibt in die nächste Zeile ein 2. Außerdem hat Word das Leerzeichen zwischen »1.« und »Überschrift« durch ein Tabulatorzeichen ersetzt. Sie können das erkennen, wenn Sie über Extras – Optionen – Ansicht unter *Nicht druckbare Zeichen* das Kontrollkästchen vor *Alle* aktivieren.

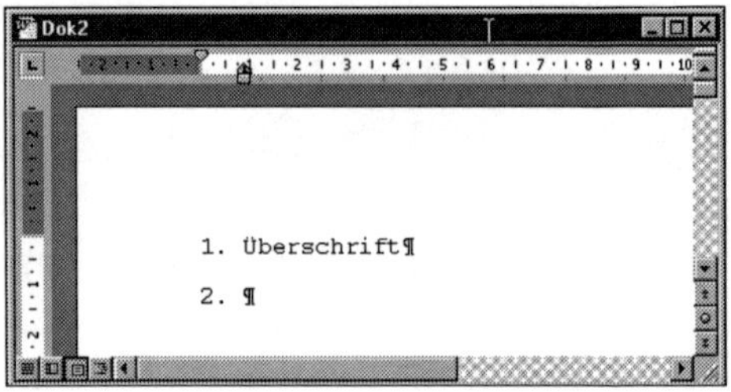

Abb. 77: Die Gliederungsfunktion ist ständig aktiv

Die unerwünschte Nummerierung ist einfach zu löschen und danach schreiben Sie Ihren Text. Diese programmierte »Eigenmächtigkeit« mag zunächst irritieren, bringt aber Vorteile, beispielsweise die automatische Generierung eines Inhaltsverzeichnisses. Word bietet zwei Varianten, eine Gliederungsstruktur hervorzuheben: Wählen Sie aus dem Menü **Ansicht** die Option **Gliederung**, anschließend erkennen Sie Ihr Dokument nicht wieder. Keine Angst – es ist nichts zerstört, nur die Darstellung ist anders. Sie gelangen über dasselbe Menü und die Option *Normal* oder Seiten-*Layout* schnell in die gewohnte Darstellung Ihres Textes zurück. Mit der Gliederungsansicht ist eine neue Symbolleiste eingefügt worden. Außerdem tauchen im Text Plus- und Minus-Zeichen auf.

Word erkennt die Gliederungsstufen an einer eigenen Formatvorlage: *Überschrift 1, Überschrift 2* usw. Sie können diese Formate nicht löschen oder anders benennen, aber sonst – wie im Abschnitt über

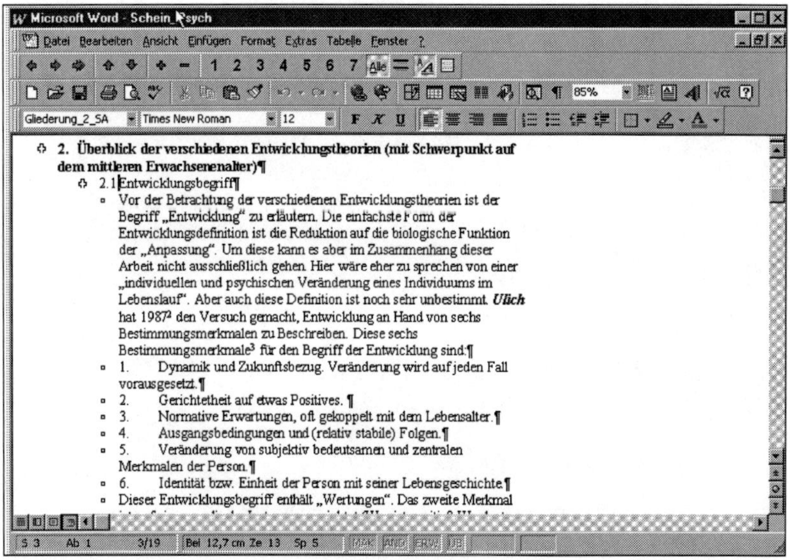

Abb. 78: Die Gliederungsansicht stellt die Gliederungsebenen in den Vordergrund, nicht das gewünschte Druckergebnis

Formatvorlagen beschrieben – beliebig verändern. Mit den Tastenkombinat Alt + 1, Alt + 2 usw. werden diese Ebenen schnell und direkt zugewiesen.

Tipp: Word erkennt bei der Eingabe einer Überschrift mit Zahl lediglich die Nummerierung und reagiert, wie wir es beim Gliedern kennen. Um daraus eine Gliederung zu machen, müssen Sie die entsprechenden Formate zuweisen.

Veränderungen in der Gliederungszuordnung sind aber durchaus möglich. Über das Menü **Format – Nummerierung und Aufzählungszeichen** und die Registerkarte **Gliederung** können Sie aus vorgegebenen Gliederungsstrukturen auswählen. Über die Schaltfläche **Anpassen** gelangen Sie in den Dialog **Gliederung anpassen**, in dem Profis weitere Einstellungen vornehmen, wie eigene Formatvorlagen für Überschriften einer Gliederungsebene zuweisen.

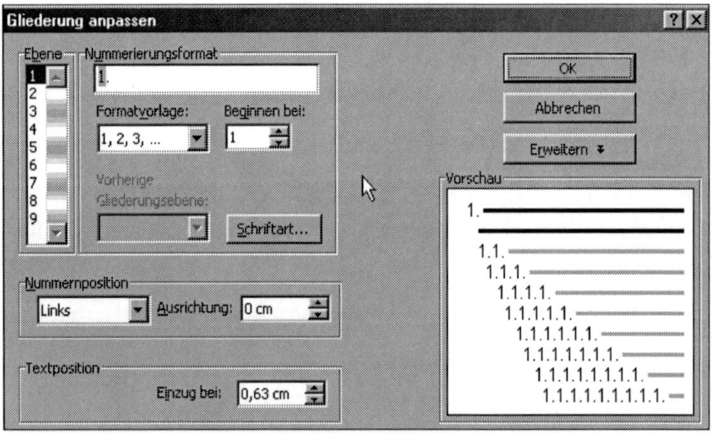

Abb. 79: Gliederungsstrukturen können angepasst werden

Erscheint auf Ihrem Monitor eine andere Darstellung dieses Dialogs, handelt es sich entweder um eine ältere Word Version oder die Darstellung ist reduziert. Klicken Sie dann auf die Schaltfläche *Erweitern.* Word läßt neun Gliederungsebenen zu. Selbst wissenschaftliche Veröffentlichungen erreichen selten eine so tiefe Gliederung.

Abb. 80: Symbolleiste Gliederung.

Mit Hilfe der Symbolleiste **Gliederung** können sie Ebenen ein- und ausblenden und sich einen Überblick über die Dokumentstruktur verschaffen.
Die Bedeutung der verschiedenen Zeichen:

Pluszeichen: auf dieser Gliederungsebene folgt noch etwas, entweder Unterebenen oder Text.

Das Minuszeichen gibt zu erkennen, dass nichts folgt, weder Unterebenen noch Text.

Das kleine, leere Quadrat kennzeichnet einen Text ohne Gliederungsebene.

- Mit den ersten beiden Pfeilen stufen sie die Gliederungsüberschriften eine Stufe höher oder tiefer.
- Der Doppelpfeil macht aus einer Gliederung einen Text.
- Die beiden Pfeile, die nach oben bzw. unten weisen, verschieben einen markierten Text innerhalb des gesamten Textes.
- Mit den Plus- und Minus-Schaltflächen blenden Sie in jeder Ebene weitere Unterebenen ein oder aus. Dies gilt immer für die Ebene, in der der Schreibcursor gerade steht.
- Mit den Zahlen stellen sie ein, wie viel Unterebenen angezeigt werden sollen. Standard ist die Schaltfläche *Alle* aktiv.
- Interessant ist vor allem die Schaltfläche mit den beiden dicken Balken. Aktivieren Sie diese, werden nur die Gliederungsüberschriften angezeigt, der gesamte Text aus dem Dokument wird dann versteckt. 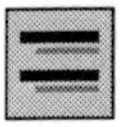

- Mit der nächsten Schaltfläche (die beiden unterschiedlich dargestellten *A*) schalten Sie die Formatierungen aus oder ein. Das letzte Dokument schaltet um in die Zentraldokumentansicht, eine spezielle Variante der Gliederungsansicht.

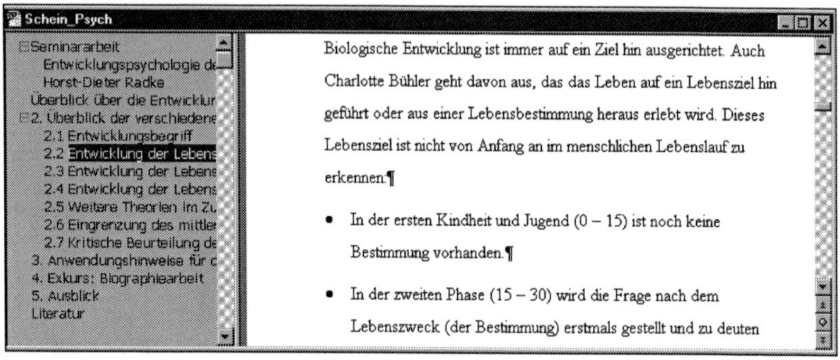

Abb. 81: Die Online-Ansicht zeigt ebenfalls Gliederungsebenen auf

Die zweite Gliederungsansicht erreichen Sie über das Menü **Ansicht** und die Option **Weblayout**. Dazu wird am linken Rand die Gliederungsstruktur angezeigt, Tabellen, Abbildungen und Nummerierungen werden einbezogen.

Die Ansicht des Textes im rechten Fenster weicht von der Layout-Ansicht ab, wenn auch nicht so krass wie in der direkten Gliederungsansicht. Solche Gliederungen sind für Autoren wissenschaftlicher Abhandlungen oder anderer Sachtexte nützlich.

4.7 Inhaltsverzeichnis und Literaturverzeichnis

Inhaltsverzeichnisse erstellt Word mit wenig Aufwand. Über das Menü **Einfügen** und die Option **Index und Verzeichnisse...** gelangen Sie direkt in den Dialog zur Generierung von Verzeichnissen aller Art. Sie können also auch Verzeichnisse der Abbildungen oder Tabellen eingeben. Grundlage sind alle hier vorliegenden Formatvorlagen. Sie können aus dem Bestand von Word kommen oder von Ihnen selbst.

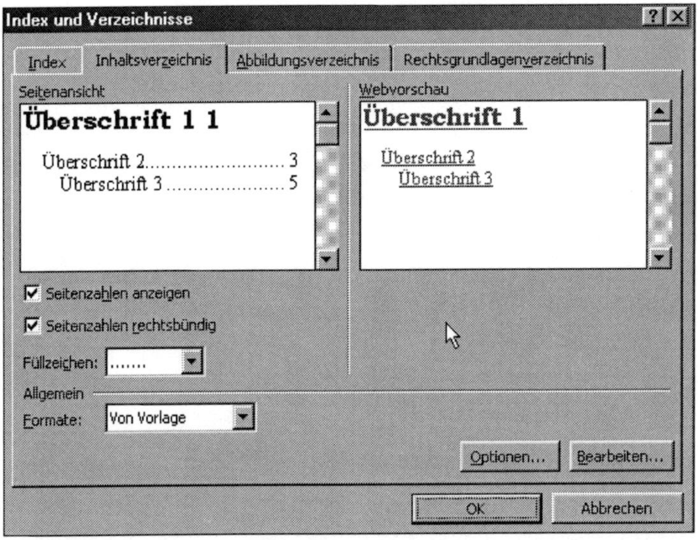

Abb. 82: Über Inhaltsverzeichnis erstellen Sie Verzeichnisse aller Art

Zunächst gelangen Sie in den Dialog **Index und Verzeichnisse**. Auf der Registerkarte **Inhaltsverzeichnis** werden verschiedene Formate für Inhaltsverzeichnisse und die dazu gehörige Vorschau angezeigt. Sie

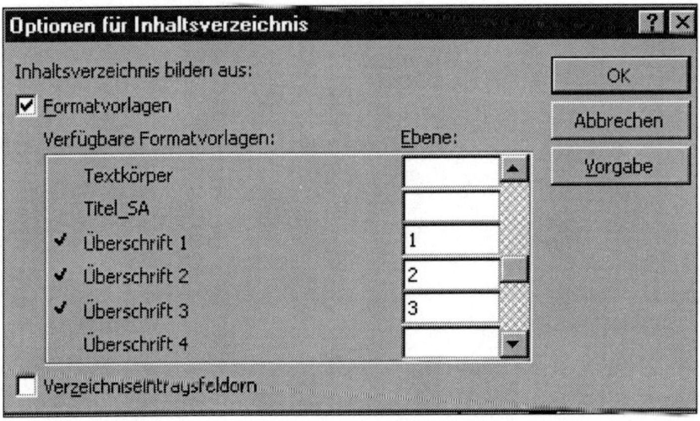

Abb. 83: Was in das Inhaltsverzeichnis aufgenommen wird

können die Gliederungsebenen festlegen, die ins Inhaltsverzeichnis einbezogen werden sollen, und bestimmen, ob Seitenzahlen erscheinen sollen und wenn ja, in welcher Form (rechtsbündig, mit Füllzeichen).

Das ist noch nicht alles: Über die Schaltfläche *Optionen…* erreichen Sie einen Dialog, in dem Sie festlegen, wie Sie Ihr Inhaltsverzeichnis gestalten. Belegen Sie zuerst die Überschriften mit den gewünschten Formaten, um anschließend über diesen Dialog eine Zuordnung vorzunehmen.

Über die Schaltfläche **Bearbeiten** im Dialog **Index** können Sie die Formatierung noch verändern, wenn Sie beispielsweise die oberste Ebene durch eine größere Schrifttype deutlicher herausstellen wollen.

Ein Klick auf die Schaltfläche **OK** setzt Word in Gang und präsentiert Ihnen wenige Sekunden später ein fertiges Inhaltsverzeichnis.

Tipp: Das Inhaltsverzeichnis erscheint dort, wo der Schreibcursor zuletzt stand. Achten Sie auf die Position – am Textanfang oder nach der Titelseite.

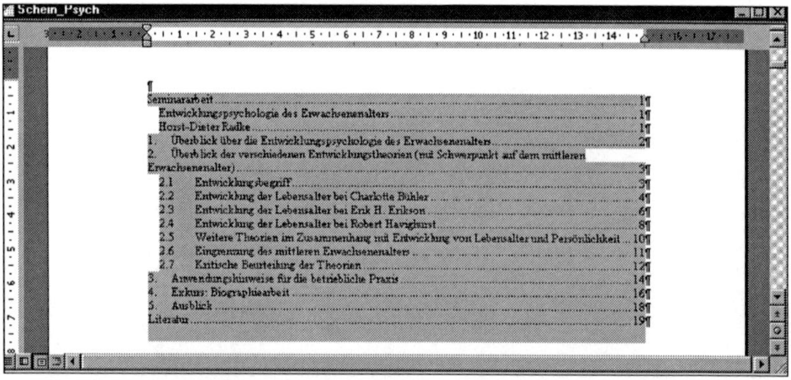

Abb. 84: Das fertige Inhaltsverzeichnis

Erschrecken Sie nicht, wenn das fertige Inhaltsverzeichnis grau hinterlegt erscheint, gedruckt wird es ohne diese Markierung. Word kennzeichnet damit auf dem Bildschirm das Inhaltsverzeichnis als eine bestimmte Art von Feld. Wenn Sie mit der rechten Maustaste auf das Inhaltsverzeichnis klicken, erscheint ein Kontextmenü. Wählen Sie die Option **Feldfunktionen ein/aus**, und das Inhaltsverzeichnis verschwindet. Stattdessen wird die ebenfalls grau hinterlegte Feldfunktion sichtbar. Auf die gleiche Weise schalten Sie das Inhaltsverzeichnis wieder ein. Stört die Feldschattierung, dann schalten Sie über *Extras – Optionen – Ansicht* diese Markierung aus.

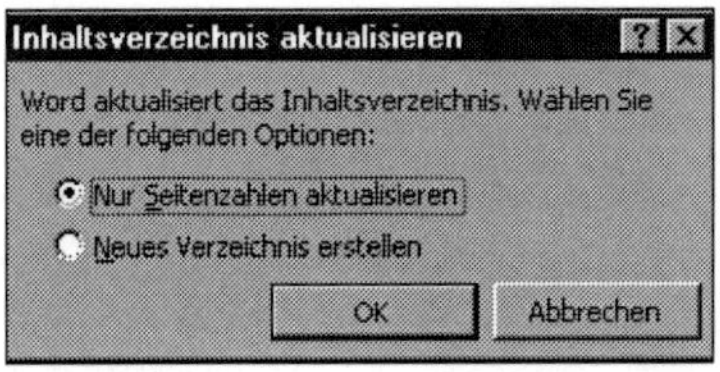

Abb. 85

Wenn Sie Ihr Manuskript überarbeiten, ändern sich meist Umfang und Seitenzahlen – allerdings nicht von allein. Benutzen Sie aus dem beschriebenen Kontextmenü die Option **Felder aktualisieren**, wählen die Option *Nur Seitenzahlen aktualisieren* und klicken auf **OK**. Word passt das Inhaltsverzeichnis an.

Bei wissenschaftlichen Arbeiten oder Fachbüchern ist ein Tabellenverzeichnis üblich. Wenn die Tabellen eine Überschrift oder eine Bezeichnung mit einem speziellen Format enthalten, ist die Zuordnung über den Inhaltsverzeichnisdialog kein Problem. Ein Abbildungsverzeichnis kann über eine eigene Registerkarte erstellt werden.

Literaturverzeichnis

Wissenschaftliche Texte oder Fachliteratur haben meist am Schluss der Arbeit ein Literaturverzeichnis. Es kann aus gesammelten und sortierten Notizen geschrieben werden – oder Sie lassen Word für sich arbeiten! Mit der Tabellenfunktion von Word können Sie während des Schreibens ein Literaturverzeichnis zusammenstellen, das anschließend in sortierter Folge an den Text angehängt wird. Hier also eine Einführung in die Arbeit mit Tabellen – nicht nur für Literaturverzeichnisse:

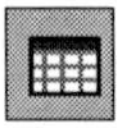

Am besten sammeln Sie die Informationen für das Literaturverzeichnis in einer separaten Datei, in der Sie die benutzte Literatur erfassen und beliebig Änderungen am Text, an der Tabelle, an den Formaten vornehmen können. Wählen Sie für Ihr Verzeichnis eine Tabelle mit vier Spalten und zwei Zeilen. Dazu klicken Sie auf die Schaltfläche **Tabelle einfügen**. Im Dialogfenster markieren Sie mit gedrückter Maustaste zehn Felder (je fünf in zwei Reihen). Dann lassen Sie die Maustaste los und im Dokument entstehen die gewünschten Tabellenfelder. Markieren Sie die gesamte Tabelle mit der Maus und wählen Sie aus dem Menü **Tabelle** die Option **Tabelle AutoFormat...**

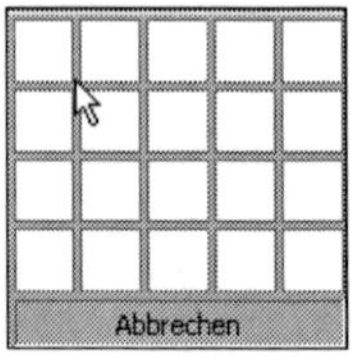

Abb. 86 Markierte Felder

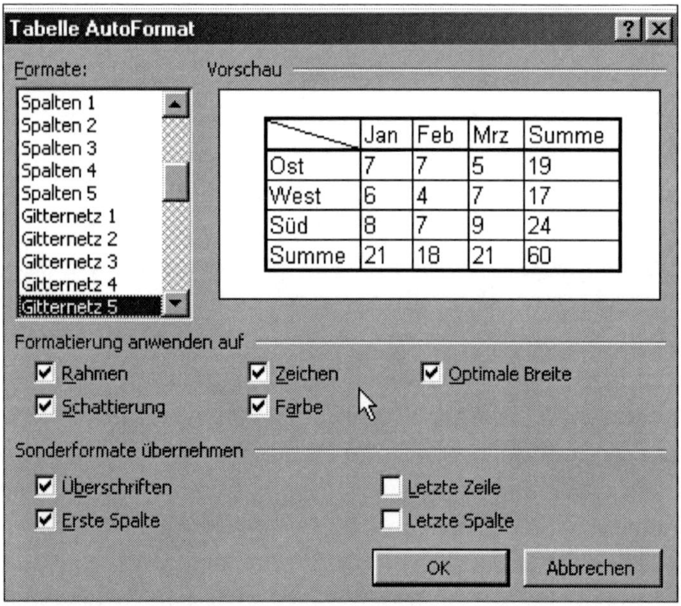

Abb. 87: Tabelle formatieren

Suchen Sie unter *Formate*: ein Tabellenformat aus. Wissenschaftliche Literaturverzeichnisse benötigen eine sachliche Gestaltung. Sie können auch als Format (*ohne*) wählen. Die Linien erscheinen auf dem Bildschirm schwach gestrichelt, werden aber nicht gedruckt. Deaktivieren Sie das Kontrollkästchen unter *Sonderformate übernehmen* die *Erste Spalte*.

Mit einem Klick auf **OK** werden die Formate in Ihre Tabelle übernommen. Lassen Sie die Markierung für die Tabelle noch bestehen. Alle Spalten wurden gleich groß eingerichtet. Die letzte Spalte sollte aber schmaler (für die Jahreszahlen) und die zweite Spalte größer sein (für die Titel).

Im Lineal oberhalb des Textfensters finden Sie jetzt Spaltenbegrenzer. Fahren Sie mit dem Mauscursor darauf zu, wird er zu einem zweiseitigen Pfeil. Bei gedrückter Maustaste können Sie jetzt Spalten vergrößern und verkleinern.

Abb. 88: Das Lineal bei Tabellen

Danach wird die fertige Tabelle bearbeitet. In die erste Zeile tragen Sie Überschriften ein: Autor, Titel, Ort und Jahr. Ab der zweiten Zeile schreiben Sie Ihr Literaturverzeichnis.

Beginnen Sie in der ersten freien Zelle der ersten Spalte. Ist der Text (Autorenname) eingegeben, springen Sie mit der Tab-Taste in das nächste Feld usw. Nachdem Sie im vierten Feld die Jahreszahl geschrieben haben, hängen Sie mit der Tab-Taste eine weitere Zeile in der Formatierung der Tabelle an. Auf diese Weise wächst Ihre Tabelle nach und nach und hat so viele Zeilen, wie Sie brauchen. (Deshalb ist es beim Einrichten der Tabelle nicht wichtig, wieviel Zeilen Sie angeben, eine genügt – die weiteren ergeben sich beim Schreiben.)

Auf die Reihenfolge müssen Sie nicht achten. Sobald Sie Ihre Arbeit abschließen und die Literaturliste ordnen möchten, markieren Sie die gesamte Tabelle und wählen *Tabelle – Sortieren*. Im Dialog bestimmen

Sie, nach welchen Kriterien Ihre Liste sortiert werden soll. Sie könnten z.B. zusätzlich unter den Autorennamen die Veröffentlichungen nach Erscheinungsjahr sortieren lassen.

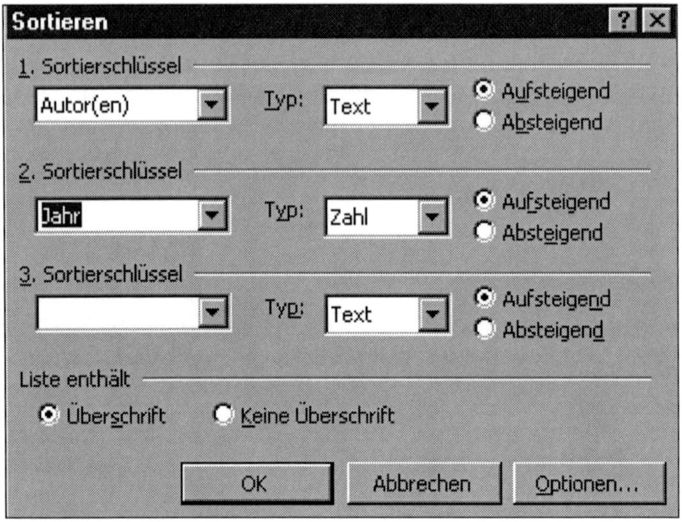

Abb. 89: Sortieren einer Tabelle

Als Sortierschlüssel legen Sie eine Tabellenspalte fest, beispielsweise *Autoren* und lassen *Aufsteigend* alphabetisch sortieren. Haben Sie die ganze Tabelle markiert und *Überschrift* aktiviert, definieren Sie *Aufsteigend* und *Absteigend* die Sortierreihenfolge und starten mit **OK**.

Das Sortieren können Sie beliebig wiederholen, selbst wenn Sie immer neue Einträge ans Ende anhängen, bleibt die richtige Reihenfolge gewahrt.

Zum Schluss markieren Sie das gesamte Dokument Literaturverzeichnis über **Bearbeiten – Alles markieren** oder Strg + A, wählen **Bearbeiten – Kopieren** und wechseln in das Manuskript, gehen dort an das Ende (oder die gewünschte Stelle) und wählen **Bearbeiten – Einfügen**.

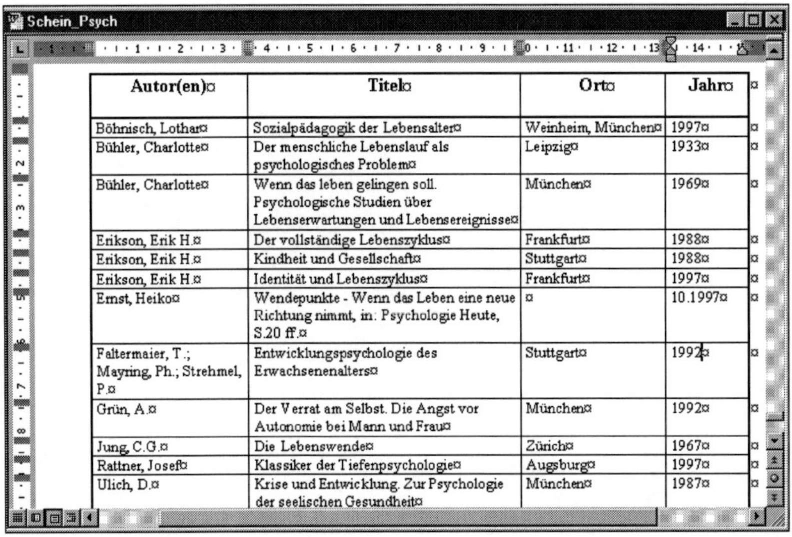

Autor(en)	Titel	Ort	Jahr
Böhnisch, Lothar	Sozialpädagogik der Lebensalter	Weinheim, München	1997
Bühler, Charlotte	Der menschliche Lebenslauf als psychologisches Problem	Leipzig	1933
Bühler, Charlotte	Wenn das leben gelingen soll. Psychologische Studien über Lebenserwartungen und Lebensereignisse	München	1969
Erikson, Erik H.	Der vollständige Lebenszyklus	Frankfurt	1988
Erikson, Erik H.	Kindheit und Gesellschaft	Stuttgart	1988
Erikson, Erik H.	Identität und Lebenszyklus	Frankfurt	1997
Ernst, Heiko	Wendepunkte - Wenn das Leben eine neue Richtung nimmt, in: Psychologie Heute, S.20 ff.		10.1997
Faltermaier, T.; Mayring, Ph.; Strehmel, P.	Entwicklungspsychologie des Erwachsenenalters	Stuttgart	1992
Grün, A.	Der Verrat am Selbst. Die Angst vor Autonomie bei Mann und Frau	München	1992
Jung, C.G.	Die Lebenswende	Zürich	1967
Rattner, Josef	Klassiker der Tiefenpsychologie	Augsburg	1997
Ulich, D.	Krise und Entwicklung. Zur Psychologie der seelischen Gesundheit	München	1987

Abb. 90: Eine Literaturliste als Word-Tabelle

4.8 Fußnoten und Endnoten

Fußnoten in ein Manuskript zu integrieren, war vor der Zeit der Textverarbeitung mit dem Computer nicht ganz einfach. Sie konnten erst zum Ende der Arbeit eingefügt werden, weil Ergänzungen und Veränderungen meist die Anordnung durcheinander brachten. Deshalb wurden Endnoten erfunden und die Leser kamen aus dem Blättern nicht mehr heraus. Mit Word dagegen ist es unproblematisch, Fuß- oder Endnoten einzufügen. Fußnoten müssen nicht in der endgültigen Reihenfolge geschrieben werden; Word übernimmt die Organisation und Anpassung, auch wenn Fußnoten später hinzukommen. Fußnoten stehen immer am Ende der Seite, Endnoten am Ende des Textes. Standardmäßig werden Fußnoten von Word in kleinerer Schrift dargestellt. Dadurch heben Sie sich vom Text deutlich ab. Sie können natürlich auch Fußnoten ändern und formatieren.

Stellen Sie die Ansicht *Seiten-Layout* ein, dann wählen Sie **Ein-**

fügen – Fußnote. Im folgenden Dialog entscheiden Sie sich für eine der beiden Varianten. Nun müssen Sie noch die *Nummerierung* festlegen. Im einfachsten Fall wählen Sie *AutoWert*. Anschließend klicken Sie auf **OK**. Word springt ans Ende der Seite (oder des Textes), und Sie können den Text für die Fuß- oder Endnote eintippen.

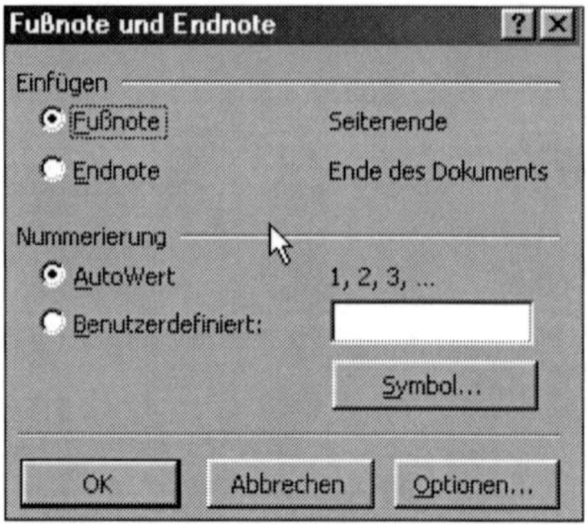

Abb. 91: Fuß- oder Endnoten?

Um am Bildschirm den Inhalt einer Fuß- oder Endnote einzusehen, müssen Sie übrigens nicht an das Ende der Seite oder des Textes gehen. Fahren Sie mit dem Mauscursor auf die Ziffer der Fußnote im Text. Word blendet dann in einem kleinen Fenster den Inhalt der Note ein.

Statt der üblichen Zahlen-Nummerierung können Sie auch römische Zahlen, Zeichen oder Symbole wählen. Wird jeder Abschnitt neu formatiert und eingerichtet, können Sie festlegen, mit welcher Nummer der Abschnitt beginnen soll. Da jede Abschnittsnummerierung automatisch wieder mit eins beginnt, können Sie auch eine höhere Nummer eintragen. Hört der vorherige Abschnitt mit 17 auf, beginnen Sie im nächsten mit 18. Aber Vorsicht: Diese Vorgaben sollten Sie zum Schluss der Arbeit machen, da bei der abschnittsweisen Festlegung der ersten Fußnotenziffer jede zusätzliche Fußnote in einem vorherigen Abschnitt die fortlaufende Zählung verändert.

Über **Einfügen – Fußnote – Optionen** gelangen Sie in einen Dialog, in dem Sie Einstellungen für Fuß- und Endnoten festlegen können. Normalerweise sind Fußnoten am Seitenende angeordnet, Sie können sie aber an das Textende verschieben. Endnoten sind am Dokumentende zu finden, könnten auch an das Ende eines Kapitels gelegt werden, z. B. wenn ein Buch aus mehreren Beiträgen besteht.

Abb. 92: Einstellungen für Fuß-/ Endnoten

Fußnoten werden durch eine Linie vom Text getrennt. Diese Linie geht nicht über die ganze Seite, sondern ist nur etwa 5 cm lang. Um die Linienlänge zu ändern, muß die Ansicht gewechselt werden. Wählen Sie **Ansicht – Normal**. Dadurch sind die Fußnoten nicht mehr zu sehen. Um sie sichtbar zu machen, müssen Sie im Menü **Ansicht** die Option **Fußnoten** wählen. Das Dokumentfenster teilt sich und ein Fußnotenfenster mit Schaltflächen und einem Listenfeld wird sichtbar. Aus dem Listenfeld wählen Sie die *Fußnotentrennlinie*, die Sie im unteren Fenster markieren, bearbeiten, löschen usw. können.

Abb. 93: Die Symbolleiste des Fußnotenfensters

Möchten Sie von End- auf Fußnoten umstellen – oder umgekehrt? Wählen Sie aus **Einfügen – Optionen – Fußnote** die Schaltfläche **Konvertieren**. Wenn Sie Fuß- *und* Endnoten haben, können Sie sie auch tauschen.

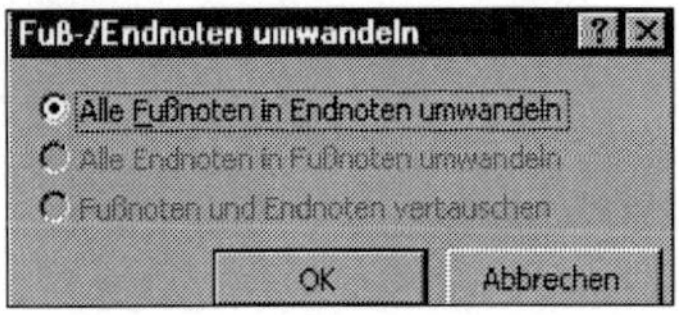

Abb. 94: Fußnoten umwandeln, tauschen

4.9 Index

Sachbücher und wissenschaftliche Arbeiten haben meist ein Stichwortverzeichnis oder einen Index. In zwei Schritten richten Sie das Verzeichnis ein. Zuerst werden die Stichwörter, die ins Verzeichnis aufgenommen werden sollen, eingegeben, danach wird daraus das Verzeichnis erstellt. Der erste Schritt ist aufwendig, weil das Dokument erst durchsucht werden muß:

Sie wählen aus dem Menü **Einfügen** die Option **Index und Verzeichnisse** und dort die Registerkarte **Index**. Dann klicken Sie auf die Schaltfläche *Eintrag festlegen*. Sie geben den Eintrag (und ggf. den Untereintrag) ein und Klicken auf *Festlegen* und *Schließen*. Das ist umständlich, vor allem, wenn ein umfangreiches Manuskript so durchgesehen werden soll.

Einfacher geht es, wenn Sie das entsprechende Wort markieren und dann die Tasten Alt + Umschalt + X gleichzeitig drücken. Das Fenster *Indexeintrag festlegen* öffnet sich, das markierte Wort ist bereits eingetragen.

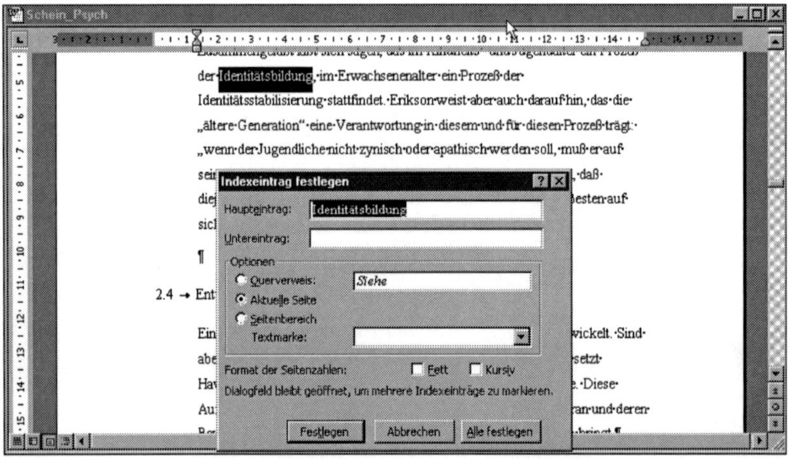

Abb. 95: Indexeinträge über Markieren festlegen

Bei *Querverweis* können Sie auf ein anderes Stichwort verweisen. Sie haben als Indexeintrag z. B. »Otto I.« und verweisen auf »Deutsche Kaiser«, weil dort etwas über »Otto I.« zu finden ist.

Über *Seitenbereich* können Sie Eintragshinweise zusammenfassen. Taucht »Otto I« über vier aufeinanderfolgende Seiten (von Seite 297 bis 300) verstreut auf, dann steht im Index: »Otto I 297; 298; 299; 300«. Als *Textmarke* »Kaiser« zusammengefasst, wird der Indexeintrag übersichtlich: »Otto I 297-300«.

Durch Seitenzahlen in **Fett-** oder *Kursiv*-Satz können Sie differenzieren, beispielsweise das erste Auftreten durch kursive, den eigentlichen Hauptverweis durch fette Darstellung der Seitenzahlen.

Haben Sie einen Eintrag markiert und den Dialog aufgerufen, können Sie ihn vorher noch bearbeiten. Taucht z. B. Sigmund Freud in Ihrem Text auf, markieren Sie nur »Freud« und rufen den Dialog auf. Anschließend ergänzen Sie den Eintrag durch ein Komma und den Vornamen (»Freud, Sigmund«) und klicken auf *Festlegen*.

Untereinträge differenzieren Begriffe. Tritt beispielsweise der Begriff »Entwicklung« häufig, aber in anderen Zusammenhängen auf, dann können Sie mit *Untereinträgen* wie »biologische«, »seelische« und »geistige« die richtigen Verweise geben. Im Index wird dann der *Haupteintrag* aufgeführt, darunter die Untereinträge mit entsprechenden Seitenverweisen.

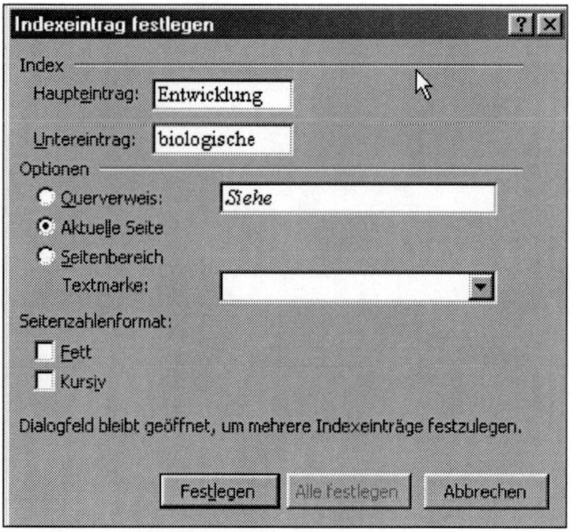

Abb. 96: Index mit Untereinträgen

Tipp: Die Indexverweise innerhalb des Dokuments können die Seiteneinteilung in der Bildschirmansicht durcheinander bringen und falsche Seitenverweise geben. Um sie zu verbergen, klicken Sie auf die Schaltfläche **einblenden/ausblenden** in der Standard-Symbolleiste oder Sie drücken die Tasten *Strg* + *. ¶

Sind alle Indexeinträge festgelegt, rufen Sie den Dialog **Index und Verzeichnisse** (über das Menü **Einfügen**) erneut auf. Hier legen Sie den Typ für den Index fest. *Eingezogen* ist vorzuziehen, bei wenig Platz und zahlreichen Untereinträgen eignet sich *Fortlaufend*.

Aus verschiedenen *Formaten* können Sie dann eine passende Darstellung für Ihr Stichwortverzeichnis wählen. Von Word vorgegeben ist die übersichtliche zweispaltige Gestaltung. Gibt es viele lange Indexeinträge mit Untereinträgen, kann eine einspaltige Darstellung notwendig sein. Ein Stichwortverzeichnis, das aus mehr als drei Spalten besteht, wird unübersichtlich.

5. Autor und Verlag

5.1 Was verlangen Verlage heute?

Etliche Verlage erwarten heute von ihren Autoren ein druckreifes Manuskript – meist auf Diskette und zusätzlich zum Ausdruck auf Papier. Selbstredend sollten Sie wissen, ob und welches Format gewünscht wird. Das Word-Format (Datei mit der Endung *.doc) kann meist in den Verlagen gelesen werden. Sollte dies einmal nicht der Fall sein und die Vorgabe z. B. Macintosh 5.0 lauten, können Sie Ihr Manuskript auch in diesem Format speichern.

Wie das geht?

- Sie wählen aus dem Menü **Datei** die Option **Speichern unter…**
- Unter **Dateityp** suchen Sie ein passendes WordPerfect Format
- Klicken Sie auf die Schaltfläche **Speichern**.

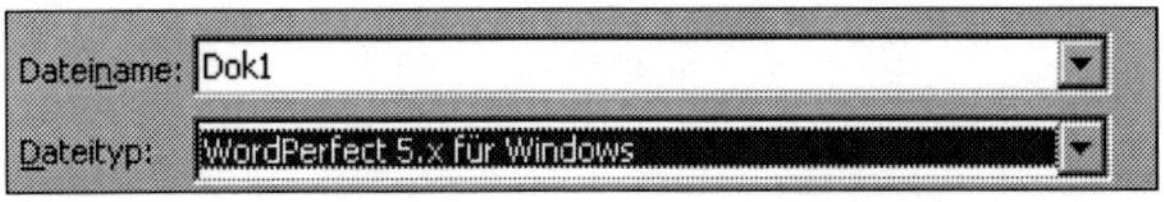

Abb. 97: Speichern in fremden Formaten

Sie finden kein Macintosh-Format? Dann ist es bei der Installation nicht mit eingerichtet worden. Nehmen Sie Ihre Installations-CD zur Hand, um es nachzuholen. Wenn die CD nicht von allein startet, wählen Sie aus dem Windows Start-Menü *Ausführen* und suchen auf der CD die Datei Setup. Von da an folgen Sie den Anweisungen der Setup-Routine.

Ist das Format, das Ihr Verlag verlangt, so exotisch, dass der Text nicht konvertiert werden kann? Dann ist das *Rich-Text-Format* angeraten, das die meisten Textverarbeitungsprogramme lesen können und das auch noch eine Reihe von Formatierungen transportiert.

Erst wenn auch dies fehlschlägt, sollten Sie zu einem reinen Textformat greifen. Weil dann alle Seiteneinstellungen, Formatierungen etc. verloren gehen, ist vorher eine Rücksprache mit dem Lektorat notwendig.

Der Manuskriptumfang sollte auf dem Deckblatt des Manuskripts stehen. Dazu können Sie Word eine Auszählung machen lassen:

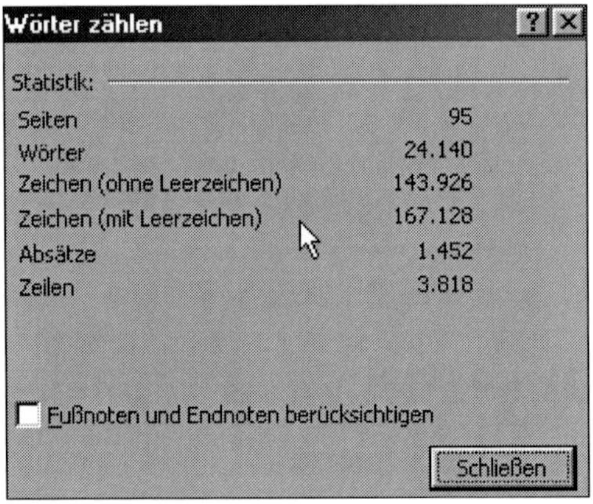

Abb. 98: Keiner zählt schneller als Word

Wählen Sie aus dem Menü **Extras** die Option **Wörter zählen...** Word zählt dann das gesamte Dokument durch und gibt eine Statistik aus. Lassen Sie *Fußnoten und Endnoten* nicht unberücksichtigt, da sie für die Umfangberechnung besonders bei wissenschaftlichen Veröffentlichungen eine große Rolle spielen. Diese Statistik legen Sie Ihrem Manuskript bei.

Mehr kann ein Verlag nicht verlangen, oder? Erwartet wird heute schon oft ein so weit vorbereitetes Manuskript, dass es möglichst mit nur wenigen kleinen Korrekturen in die Herstellung gegeben werden kann. Der Trend geht bei Fach- und Sachbuchverlagen dahin, Hausautoren in die Verlagsarbeit so einzubeziehen, dass im Verlagslektorat und der Herstellungsabteilung nur noch wenig Arbeit am abgelieferten Manuskript nötig ist. Dazu liefern manche Verlage Druckformatvorlagen, die beim Schreiben des Manuskripts verwendet werden sollen. Das hat für den Autor einen Vorteil: Er sieht sein Buch auch optisch wachsen und kann genauer einschätzen, welchen Umfang es haben wird (wenn z. B. der Textumfang vorgegeben ist). Schon beim Schreiben sieht er, wie die gestalteten Seiten wirken, wichtig, wenn das Werk Tabellen oder Abbildungen enthält.

5.2 Wie arbeitet man mit Verlags-Druckformatvorlagen?

Arbeiten Sie an einem Buchprojekt und haben von Ihrem Verlag dazu eine Druckformatvorlage erhalten, gehen Sie am besten folgendermaßen vor:

1. Legen Sie einen eigenen Ordner für dieses Projekt an. Es sollte nicht zu tief in der Ordnerhierarchie stehen, damit es schnell zu erreichen ist und später Verweise auf Grafiken etc. leicht anzupassen oder zu ändern sind.
2. Kopieren Sie die Druckformatvorlage in diesen Ordner hinein.
3. Legen Sie für Texte und Grafiken Unterordner an.
4. Starten Sie Word und legen Sie über **Extras – Optionen – Speicherort für Dateien** für die Vorlagen und Texte neue Verzeichnisse fest.

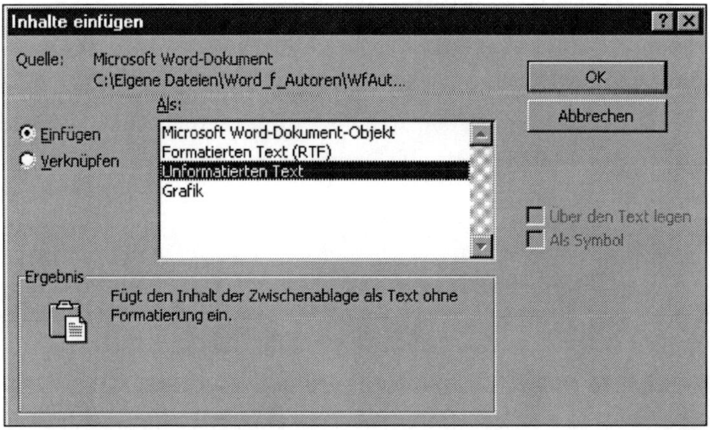

Abb. 99: Formatierten Text nur über Inhalte einfügen und dann Unformatierten Text in eine Druckformatvorlage transportieren!

Hier einige Tipps, wie Sie mit Druckformatvorlagen unproblematisch arbeiten:

- Sie geben Ihren Text nur direkt ein.
- Übertragen Sie keine vorformatierten Textteile aus anderen Dokumenten.
- Ist es doch einmal nötig, bereits formatierten Text in Ihre Druckformatvorlage zu transportieren, dann kopieren Sie den Text (über **Bearbeiten – Kopieren**) und fügen diesen im aktuellen Dokument über **Bearbeiten – Inhalte einfügen... Unformatierten Text** ein.
- Formatvorlagen, die zur Dokumentvorlage gehören, sind die einzigen Formatiergrundlagen.
- Die Formatvorlagen dürfen Sie nicht verändern.
- Formatieren Sie nicht direkt, d.h. weder über Symbolleiste noch über Menü.
- Autoformate dürfen Sie nicht benutzen.
- Brauchen Sie neue Formatierungen, richten Sie dafür eine Formatvorlage ein.

Eine vorgegebene Druckformatvorlage kann Sie beim Schreiben unterstützen, strukturiert bereits den Text, setzt Abbildungen in bestimmter Weise ein. Außerdem lässt sich schnell und leicht erkennen, wie viel Seiten des späteren Buches bereits erstellt wurden. Wer gerne frei und kreativ arbeitet, empfindet eine Druckformatvorlage allerdings eher wie ein Korsett. Für belletristische Werke sind Formatvorlagen unüblich.

5.3 Druckformatvorlagen erstellen und dokumentieren

Ihre Druckformatvorlage sollten Sie sorgfältig dokumentieren.

- Zunächst entwickeln Sie eine Rohform und speichern sie, z.B. als *Vorlage1*.
- Dann erfassen Sie einen kurzen Text und formatieren ihn in der gewünschten Weise als Formatvorlage. Diesen Text löschen Sie und

speichern das leere Dokument als erweiterte Druckformatvorlage, jetzt als *Vorlage2.*

- Danach beschreiben Sie in einem Dokument die Formatierungen. Sie führen alle Überschriften und alle Textformate etc. auf und benennen sie entsprechend. Dieses Dokument speichern Sie als *Vorlage3* – aber nicht als Dokumentvorlage (.dot), sondern als Dokument (.doc).

Abb. 100: Eine Dokumentvorlage wird beim Speichern festgelegt

Sie arbeiten nun mit der *Vorlage2.* Wird während der Arbeit eine Änderung oder Ergänzung der Formatierung nötig, übertragen Sie diese zusätzlich auf Ihr Beispieldokument (*Vorlage3*). Damit haben Sie auch bei wachsenden Formatvorlagen und Anpassungen immer den Überblick und eine Anleitung. Sie können sie mit dem Manuskript an den Verlag weitergeben und erleichtern dem Verlag und eventuell anderen Autoren die Anpassung.

Ein zusätzliches Honorar für eine selbst entwickelte Druckformatvorlage wäre angebracht, wenn Ihr Buch beispielsweise als erstes in einer neuen Reihe erscheint und andere Autoren oder der Verlag Ihre

Vorlage verwenden. Das gilt besonders für aufwendige Multimediaprojekte, bei denen Verlage ohnehin die Gestaltung als wesentlichen Bestandteil der Leistung ansehen.

5.4 Seitengestaltung

Wenn Sie ein Manuskript für den Druck vorbereiten, sollten Sie rechtzeitig an den Satzspiegel, also die Anordnung der bedruckten Fläche auf den Seiten, denken. Festgelegt wird der Satzspiegel durch die vier Ränder. Bei einer Einzelseite kann jeder Rand, also Innen-, Außen-, Kopf- oder Fußsteg, gleich sein. Fachleute sprechen dann von *einer geometrischen Mitte.* Professioneller sieht es aus, wenn der Fußsteg etwas größer ist. Die Seite hat dann eine *optische Mitte.*

Bei Buch- oder Zeitschriftengestaltung müssen Sie berücksichtigen, dass der Leser eine Doppelseite vor sich hat. Die Innenstege würden dadurch doppelt so breit wirken. Deshalb rückt man die Innenränder etwas näher zusammen. Idealerweise ergeben sie bei aufgeschlagenem Buch zusammen die Breite eines Außenstegs. Für diese Seitengestaltung haben sich aus der Praxis einige Regeln für die Abstände ergeben:

Links	Rechts	Unten	Oben
3,50	2,16	3,50	2,16
3,00	1,85	3,00	1,85
2,50	1,55	2,50	1,55
2,00	1,24	2,50	1,24
1,50	0,93	1,50	0,93
1,50	2,43	2,43	1,50

Tabelle 3: Seitenmaße in cm

Zuerst stellen Sie die automatische Silbentrennung ein: Unter **Extras – Sprache – Sprache bestimmen** haben Sie schon vor der letzten

Korrektur geprüft, ob das richtige *Deutsch* eingestellt ist – Sie haben fünf zur Wahl.

Die Silbentrennung versehen Sie mit zwei Häkchen, dann trennt Word automatisch am Zeilenende. Trotzdem müssen Sie beim Korrekturlesen auf die Trennung achten: Manche Trennung ist unschön, aber nicht irre-parabel.

Wenn Sie einzelne Schlusszeilen eines Absatzes auf der nächsten Seite (»Hurenkind«) vermeiden möchten, klicken Sie unter **Format-Absatz-Textfluß** ein Häkchen in das Kästchen vor *Absatzkontrolle* im Register **Zeilen- und Seitenwechsel**. Auch »Schusterjungen«, also eine einzelne Zeile eines neuen Absatzes am Ende einer Seite, werden dadurch verhindert.

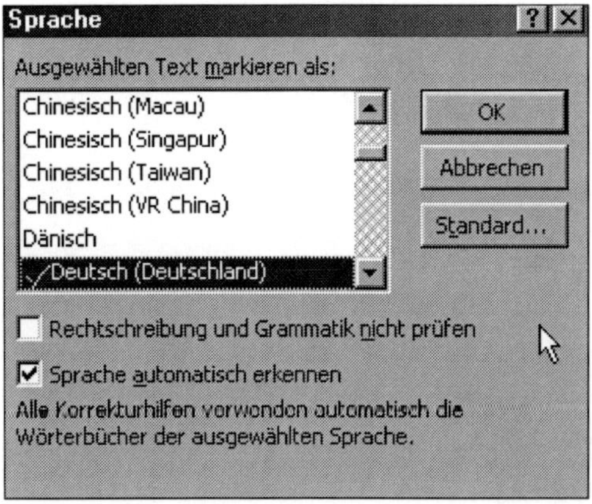

Abb. 101: Die richtige Sprache muß eingestellt werden

Literaturtipps: Tschichold, Jan: *Erfreuliche Drucksachen durch gute Typographie*, 128 S. gbd., MaroVerlag, Augsburg, 32 DM, und Willberg/Forssman: *Erste Hilfe in Typografie, 104 S.*, Hermann Schmidt Mainz, Mainz 2000.

Damit alle fortlaufenden Seiten auf gleicher Linie enden, muss unter **Datei – Seite einrichten – Seitenlayout** als *Vertikale Ausrichtung* der

Befehl *Blocksatz* gewählt werden. Der Begriff ist etwas missverständlich, weil er bereits als seitliche Ausrichtung (Vergrößerung der Wortzwischenräume) unter Format verwendet wird. Hier, beim Seitenlayout, bedeutet er in der Druckersprache soviel wie vertikales Austreiben: Die Zeilenabstände werden, soweit erforderlich, geringfügig vergrößert, damit die Seiten gleichmäßige Fußstege haben.

Bei der letzten Seite eines Kapitels, dessen Text vielleicht auf halber Höhe endet, muß dann aber wieder unter Seitenlayout die Ausrichtung *Oben* gewählt werden. Damit nicht das ganze Kapitel Oben ausgerichtet wird, müssen Sie die davorliegende Seite begrenzen, indem Sie unter **Einfügen – Manueller Wechsel** erst den Punkt *Seitenwechsel* und dann *Nächste Seite* anklicken.

Wenn diese vorletzte Seite beispielsweise zweispaltig ist, setzen Sie an das Ende der ersten Spalte den *Spaltenwechsel* und dann an das Ende der zweiten Spalte *Nächste Seite.*

5.5 So bereitet man ein Dokument für den Druck vor

Eine weitere Aufbereitung Ihres Manuskriptes mit dem richtigen Druckertreiber, bzw. eine Belichtung direkt aus der Dokumentdatei heraus, wird üblicherweise im Verlag vorgenommen. Wollen Sie ein Buch selbst verlegen, gehört auch die Druckvorbereitung zu Ihren Aufgaben.

Grundsätzlich sind drei Wege möglich:

1. Sie lassen das Manuskript auf einem Laserdrucker (600 dpi Auflösung) ausdrucken und geben diese Druckvorlagen zur Druckerei.
2. Sie geben eine Diskette mit Ausdruck an eine Druckerei, die möglicherweise ein bestimmtes Format (meist Macintosh) erwartet.
3. Sie geben Ihre Diskette mit Illustrationen einem Verlagsdienstleister, der die gesamte Druckvorbereitung, auf Wunsch auch die Produktion, für Sie übernimmt.

In den beiden ersten Fällen lassen Sie sich zuerst von der Druckerei beraten, besprechen Details der Softwareeinstellungen. Besonders wichtig ist es beispielsweise bei illustrierten Werken, die richtige Halbtonfrequenz einzustellen, damit die Raster beim Druck nicht zugehen.

Tipp: Das Handbuch zu *Microsoft Publisher* widmet dem Thema *Dokumentaufbereitung für den externen Druck* viel Raum. Das meiste ist auch für Word anwendbar. Leider gibt es bei den neueren Versionen kein Handbuch mehr. Schauen Sie mal im Bekanntenkreis oder auf Flohmärkten, ob Sie eine ältere Version mit Handbuch (bis Publisher 97) erhalten können. Da lohnen auch noch ein paar Mark Investition. Für die Textarbeit ist allerdings Word dem Publisher vorzuziehen.

Bei Farbillustrationen werden Sie eine digitale Bildbearbeitung durch Profis vornehmen lassen müssen. Sie können damit zu einem modernen Scan-Reproduktionsbetrieb gehen oder die Druckerei übernimmt es, wenn Sie diese komplexen Buchherstellungsaufgaben nicht einem Verlagsdienstleister übergeben.

Für Farbdrucke, beispielsweise für den Umschlag, muß ein sogenannter Proof als Computerausdruck hergestellt werden. Er dient der Druckerei als verbindliche Farbvorlage.

Brauchen Sie eine Fotosatzbelichtung, kommen Sie um Postscript nicht herum. Postscript ist eine Druckerbeschreibungssprache, die für spezielle Drucker erfunden wurde. Dazu muß ein passender Treiber unter Windows installiert sein, damit Sie eine Datei für Postscript-Drucker oder Fotosatzbelichter einrichten können. Ihre Druckerei sagt Ihnen, welchen Treiber Sie brauchen.

Fehlt diese Information, wählen Sie den Postscript-Treiber *Linotronic 300*. Sie finden ihn auf Ihrer Windows CD. Zum Installieren öffnen Sie das Piktogramm **Arbeitsplatz**, den Ordner **Drucker**, starten Sie durch Doppelklick **Neuer Drucker**. Dann folgen Sie den Anweisungen des **Assistenten für die Druckerinstallation**.

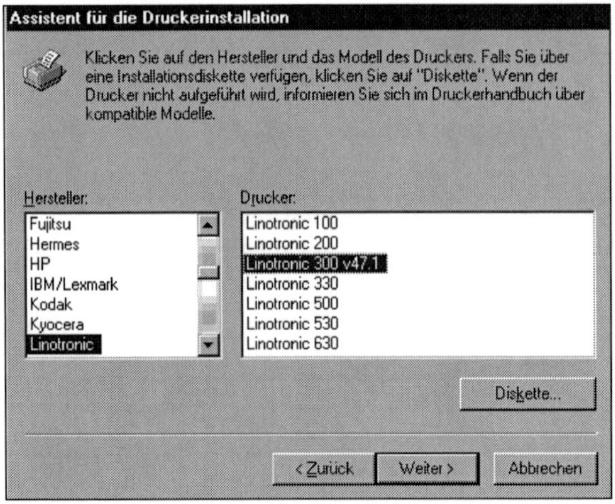

Abb. 102: Ein Postscripttreiber

Tipp: Bei der Installation sollten Sie unter **Einrichten – Optionen – Weitere Optionen** auf der Registerkarte **Schriftart** die Option *Nur True Type Schriftarten verwenden* aktivieren, wenn Sie mit diesen Schriftarten eine Druckvorlage erzeugen wollen.

Wenn Sie keine Erfahrung im Aufbereiten von Druckdateien haben, sollten Sie Ihre Postscriptdatei für das Belichtungsstudio nicht selbst erstellen. Bereiten Sie stattdessen Ihre Word-Datei so vor, dass daraus vom Studio die passende Datei erzeugt werden kann. Sie vermeiden so eine teure Fehlbelichtung.

Zwei Einstellungen sollten Sie aber bereits vorgenommen haben:

1. Über **Bearbeiten – Verknüpfungen** aktivieren Sie die Option *Grafik in Dokument speichern* (diese Option heißt unter Word 6.0: »Grafik in Dokument übernehmen«)
2. Über **Extras – Optionen – Speichern** aktivieren Sie die Option *True Type Schriftarten einbetten.*

Damit werden Bilder und Schriften im Dokument gespeichert.

5.6 *Publishing on Demand*

Seit einiger Zeit ist das Thema »digitales Publizieren« (Publishing on Demand oder Books on Demand) ein kontroverses Gesprächsthema unter Autoren. Bei Books on Demand werden die Druckvorlagen digital gespeichert und erst wenn eine Bestellung hereinkommt, wird das Buch gedruckt und ausgeliefert.

Die Vorteile sind sofort ersichtlich:
Die Autoren müssen Ihren Keller nicht mehr mit Bücherpaletten vollstellen und auch die Vorfinanzierung hält sich in Grenzen. Die Grossisten und Verlage müssen keine umfangreichen Lager mehr vorhalten.

Die Nachteile:
Das einzelne Buch ist teurer als beim konventionellen Druck. Für den Selbstverleger kommen die Kosten des freien Lektors, des Buchdesigners und eines Satzstudios hinzu, wenn er ein Buch in der Qualität herausbringen möchte wie es in seriösen Buchverlagen üblich ist.

Ein weiterer Nachteil ist der Vertrieb. BOD bietet zwar eine Internet-Plattform, doch wenn die potentiellen Leser nichts von Ihrem Buch erfahren, werden sie es auch nicht suchen und bestellen. Bei anderen Digital-Druckereien (BOD ist ja nicht der einzige Anbieter) kommt hinzu, dass die Auslieferung und Fakturierung oft überhaupt nicht übernommen wird. Sie können sich zwar jederzeit soviel – oder so wenig – Exemplare drucken lassen, wie sie benötigen, um den Vertrieb müssen Sie sich aber selbst kümmern – wie jeder andere Selbstverleger auch.

Haben Sie sich trotz allem dazu entschieden, ein Buch als Book on Demand herauszugeben, so beachten Sie folgendes:

Lassen Sie sich von Ihrem digitalen Druckanbieter sagen – am besten schriftlich – wie die Druckvorlage auszusehen hat. Die meisten haben dazu umfangreiches schriftliches Material, vorbildlich bei

BOD. Berücksichtigen Sie diese Anleitungen bei der Erstellung Ihres Word-Dokuments.

Abgeliefert werden muß die Vorlage in der Regel als PDF oder Postscript-Datei. Wie eine Postscript-Datei erstellt wird, ist einige Abschnitte zuvor schon beschrieben worden. Meist müssen Sie einen Postscript-Druckertreiber verwenden, den die Druckerei zur Verfügung stellt. Fragen Sie im Zweifel nach! Um eine PDF-Datei zu erstellen benötigen Sie das Programm Acrobat der Firma Adobe. Es gibt zwar auch eine Möglichkeit, PDF-Dateien über das Freeware-Programm GHOSTWRITER zu erzeugen, das ist aber eher eine Sache für geübte EDV-Anwender.

Schlechte Erfahrungen habe ich bei meinem ersten BOD-Projekt mit den Abbildungen im Buch gemacht, teils auf Grund meines eigenen Fehlers. Die Abbildungen waren zunächst grob gerastert (das mussten die Techniker der Druckerei lösen) und letztendlich in einer Form, wie sie die alten Nadeldrucker früher ausgegeben haben: Pixel für Pixel. Es dauerte eine Weile, bis ich einen Fachmann fand, der mir die Ursache erklärte. Die Grafiken müssen in Word eingefügt – nicht nur verknüpft – werden. Das macht zwar das Dokument größer, sorgt aber dafür, dass sämtliche Informationen der Grafikdatei im Dokument enthalten sind. Nur dann wird bei der Umwandlung in eine Postscript-Druckdatei oder PDF-Datei auch die Grafik in der gespeicherten Form ausgegeben.

Sie sollten auf alle Fälle einen Ausdruck der gesamten Druckvorlage mit Ihrer Datei an die Druckerei senden und eine Kopie für eigene Zwecke zurückhalten.

5.7 Exkurs: Diktieren und Scannen

Nach Jahren der Entwicklung gibt es Spracherkennungsprogramme zu erschwinglichen Preisen (ab 15 Euro, leistungsfähige Programme kosten einige hundert Euro). Manche lassen sich auch in Word integrieren. Die ersten Programme verlangten noch eine abgehackte, jedes einzelne Wort betonende Sprechweise. Heute soll die Erkennungsgenauigkeit nach einer Einübungs- und Eingewöhnungsphase bis zu 95 % betragen – genug für Autoren?

- Zum einen benötigt solche Software leistungsfähige Hardware: Ein schneller Prozessor, ein gut ausgebauter Hauptspeicher sind unerlässlich. Wer seine Texte auf einem gerade mal Windows 95-tauglichen PC schreibt und soweit damit zufrieden ist, wird an diesen Programmen keine Freude haben.
- Außerdem: 95 % Erkennungsgenauigkeit heißt immerhin noch 5 % muss korrigiert werden. Auf einer Seite stehen zwischen 300 bis 350 Wörter. Davon fünf Prozent nicht korrekt heißt 15 bis 18 Wörter stimmen nicht und müssen korrigiert werden. Bei zehn Seiten sind es schon 150 bis 180 Wörter. Bei einem Manuskript von mehreren hundert Seiten bleibt für die Finger noch genügend Arbeit übrig …

Die Schnellschreiber unter den Autoren lassen eher die Tasten glühen, als diktierte Texte anschließend umständlich zu korrigieren. Außerdem verändert das Diktieren den gewohnten Prozess des Schreibens – ob zum Vor- oder Nachteil haben Autoren, die Diktiergeräte benutzt haben, schon herausgefunden …

Ähnliches gilt für die Texterfassung mit dem Scanner. Moderne OCR-Programme haben bei gescannten Texten eine gute Erkennungsrate. Aber auch hier geht nichts ohne Nachbearbeiten, je nach Software in mehr oder weniger komfortabler Weise.

Für Autoren bewähren sich Scanner, wenn häufig fremde Texte übernommen werden, beispielsweise Zitate aus anderen Büchern oder aus Zeitschriften, biographische Angaben, Zeichnungen und andere Abbildungen. Sie sind weniger wichtig bei Multi-Autoren-Projekten, da Texte untereinander mit Diskette ausgetauscht werden.

Wenn man nicht zu viel erwartet, dann erleichtern solche Programme die Arbeit. Wer kein Schnellschreiber ist, wird darin eine Hilfe sehen: Immerhin ist das Korrigieren gescannter Seiten weniger aufwendig als das Abschreiben seitenlanger Texte.

5.8 Word und das Internet

Das Internet wird auch für Autoren immer interessanter. Es gibt zahlreiche Webadressen für Autoren, die sie zur Selbstdarstellung und Publikation eigener Texte nutzen. Eine Veröffentlichung im Internet (im WWW = World Wide Web) verlangt aber ein bestimmtes Format: die Seitenbeschreibungssprache HTML. Dafür gibt es zahlreiche Editoren, die ohne größere Detailkenntnisse eine entsprechende Formatierung ermöglichen.

Gleichzeitig werden so genannte Browser benötigt, die HTML-Dokumente entsprechend lesbar darstellen können. Es handelt sich zwar um reine Textdateien, die aber durch Steuerzeichen und HTML Befehle fast unleserlich geworden sind.

Sind Sie jetzt wild entschlossen, in diesem neuen Medium selbst zu publizieren? Dann kaufen Sie nicht gleich solche Programme: Word kann mit HTML-Dateien umgehen.

Wählen Sie **Datei** – **Öffnen** und sehen Sie unter Dateityp nach. Word kennt den Typ *HTML Dokument*. Öffnen Sie das Menü **Ansicht** und die Option **Symbolleisten**. Sie finden eine Symbolleiste mit dem Namen **Web** vor. Nach dem Öffnen stehen Ihnen eine Reihe von Symbolen für die Arbeit mit dem Internet zur Verfügung.

Wenn Sie eine Verbindung zum Internet haben (z. B. über das DFÜ-Netzwerk von Windows 95 oder NT), dann können Sie Word als Browser benutzen, um im Internet zu surfen.

Abb. 103: Die Internet-Symbolleiste von Word.

Word ersetzt keinen richtigen Browser, kann aber Internetseiten erstellen, bzw. aus dem Netz geladene Seiten darstellen. Außerdem können in Verbindung mit einem Browser aus Word-Dokumenten heraus Adressen im Internet angesprungen werden, da Word die Eingabe und

Darstellung von so genannten Hyperlinks (Sprungadressen) ermöglicht.

In den Online-Angeboten finden sich Anleitungen, wie man zur eigenen Internet-Seite kommt und natürlich: Wie man die zahlreichen Literaturseiten findet. Auch Online-Buchhändler stellen Foren bereit. Surfen Sie mit? *Oder lesen Sie lieber ein Buch?*

Index

Q

R

S

T

Ü

U

V